国家开放教育汽车类专业（本科）规划教材
全国汽车职业教育人才培养工程规划教材

汽车电子商务

宋景芬　夏　伟　主　编
童寒川　副主编

人民交通出版社股份有限公司·北京
国家开放大学出版社·北京

内 容 提 要

本书为国家开放教育汽车类专业(本科)规划教材、全国汽车职业教育人才培养工程规划教材之一。主要内容包括：汽车电子商务基础知识、汽车营销电子商务、汽车后市场电子商务、汽车物流电子商务、汽车企业客户关系管理、汽车电子商务网站案例、汽车电子商务电子支付系统、汽车电子商务网站建设。

本书可作为普通高等教育院校汽车服务工程和其他相关专业教材或教学参考书，也可供汽车服务行业和相关工程技术人员参考使用。

图书在版编目(CIP)数据

汽车电子商务/宋景芬,夏伟主编.—北京：人民交通出版社股份有限公司,2019.11
 ISBN 978-7-114-15838-4

Ⅰ.①汽… Ⅱ.①宋…②夏… Ⅲ.①汽车—电子商务 Ⅳ.①F766-39

中国版本图书馆 CIP 数据核字(2019)第 196326 号

书　　名：	汽车电子商务
著 作 者：	宋景芬　夏　伟
责任编辑：	郭　跃
责任校对：	张　贺　宋佳时
责任印制：	张　凯
出版发行：	人民交通出版社股份有限公司 国家开放大学出版社
地　　址：	(100011)北京市朝阳区安定门外外馆斜街 3 号 (100039)北京市海淀区西四环中路 45 号
网　　址：	http://www.ccpress.com.cn http://www.crtvup.com.cn
销售电话：	(010)59757973 (010)68180820
总 经 销：	人民交通出版社股份有限公司发行部
经　　销：	各地新华书店
印　　刷：	北京市密东印刷有限公司
开　　本：	787×1092　1/16
印　　张：	10.25
字　　数：	231 千
版　　次：	2019 年 11 月　第 1 版
印　　次：	2019 年 11 月　第 1 次印刷
书　　号：	ISBN 978-7-114-15838-4
定　　价：	26.00 元

(有印刷、装订质量问题的图书由本公司负责调换)

总　序

国家开放大学汽车学院是在2004年北京中德合力技术培训中心与原中央广播电视大学(现国家开放大学)共同创建的汽车专业(专科)基础上,由国家开放大学、中国汽车维修行业协会、中国汽车文化促进会、北京中德合力技术培训中心四方合作于2013年11月26日挂牌成立。旨在通过整合汽车行业、社会现有优质教育资源,搭建全国最大的汽车职业教育平台,促进我国汽车行业从业人员终身教育体系建设,以及人人皆学、时时能学、处处可学的学习型行业的形成与发展。

在2003年颁布的《教育部等六部门关于实施职业院校制造业和现代服务业技能型紧缺人才培养培训工程的通知》中,汽车维修专业被确定为紧缺人才专业。国家开放大学为了满足从业人员业余学习的需要,从2005年春季学期起开办汽车专业(维修方向)(专科)、汽车专业(营销方向)(专科),至2018年春季学期,汽车专业(专科)在32个地方电大系统、汽车行业以及部队建立学习中心,基本覆盖了全国各地。累计招生103,531人,毕业41,740人,在籍57,470人,为缓解我国对汽车行业紧缺人才的现实需求和加快培养培训做出了积极贡献。

2017年,国家开放大学增设汽车服务工程(本科)专业,汽车学院随即开展了专业建设和教学模式探索,确定了全网教学模式资源建设方案。学生将利用国家开放大学学习网和汽车学院企业微信平台完成线上学习和考试,线下完成毕业实习和毕业论文。为适应全网教学模式的需要,汽车学院组织编写了本套国家开放教育汽车类专业(本科)规划教材、全国汽车职业教育人才培养工程规划教材。这为满足汽车行业从业人员提升学历层次和职业技能的时代要求提供了必要的现实条件,为最终建成全国最大的远程开放汽车职业教育平台奠定了基础。

本套教材具有如下特点:

第一,针对性强。教材内容的选择、深浅程度的把握、编写体例严格按照国家开放大学关于开放教育教材的编写要求进行,满足成人教育的需要。

第二,专业特色鲜明。汽车服务工程(本科)专业(专科起点)是应用型专业。教材主编均来自高校长期从事汽车专业本科教学的一线专家教授,他们教学和实践经验丰富,所选内容强化了应用环节,理论和实验部分比例适当,联系紧密,实用性强。

第三,配合全网教学模式需要。全套教材是配套全网教学模式需要编写的。在内容的选取上满足全媒体网络课件制作的需要。对传统教材编写是一突破。教材配合网上资源一起使用,增加了教材的可读性、可视性、知识性和趣味性。

第四,整合优质资源。本套教材由国家开放大学出版社、人民交通出版社股份有限公司联合出版发行的国家开放教育汽车专业(本科)规划教材、全国汽车行业人才培养工程规划教材,面向国家开放大学系统和全社会公开发行,不但适合国家开放大学的需要,也适合其他高等院校汽车服务工程(本科)专业的教学需要。

在本套教材的组编过程中,国家开放大学就规划教材如何做出鲜明行业特色做了重要指示,国家开放大学出版社做了大量细致的编辑策划及出版工作。北京中德合力技术培训中心承担了教材编写、审定的组织实施及出版、发行等环节的沟通协调工作。中国汽车维修行业协会积极调动行业资源,深入参与教材的组织编写,人民交通出版社股份有限公司积极提供各种资源。中国汽车文化促进会积极推荐主编人选,参与教材编写的组织工作。各教材主编、参编老师和专家们认真负责、兢兢业业,确保教材的组编工作如期完成。没有他们认真负责的工作和辛勤的劳动付出,本套教材的编写、出版、发行就不可能这么顺利进行。借此机会,对所有参与、关心、支持本套教材编辑、出版、发行的先生、女士表示衷心感谢!

本套教材编写时间紧,协调各方优质资源任务重,难免存有不足之处,还请使用者批评指正,不吝赐教。

2019 年 1 月

前　言

《汽车电子商务》是国家开放教育汽车类专业(本科)规划教材、全国汽车职业教育人才培养工程规划教材之一。

随着网络经济的飞速发展,汽车行业也发生着翻天覆地的变化。其中汽车整车销售行业、汽车物流行业、汽车售后服务管理行业、二手车交易行业等都在不断适应着电子商务的新环境,并力求通过电子商务这一经营模式寻找发展的新途径。作为汽车行业或电子商务行业未来的从业人员,了解、认识、研究汽车电子商务发展趋势及发展状况是很有必要的。

通过学习,使学生了解汽车电子商务发展现状,掌握汽车电子商务涉及的主要领域及每个领域电子商务的发展模式;了解汽车电子商务发展过程中使用到的媒介和工具,了解汽车电子商务运行的安全体系及网站建设基础知识。为学生成长为一名具备本专业所必需的专业基础理论,达到本专业要求的专业认知水平,合格的高等职业教育应用型人才奠定基础。

本书的编写是根据专业培养目标和培养对象的认知水平及学习特点,将汽车电子商务的基础知识紧密围绕其发展动态展开阐述。教材实现了理论知识与实际案例的有机结合,以"必需、够用、有效、经济"为原则,对教学内容进行了整合优化和深度融合,在内容编排上突出介绍汽车电子商务在各个汽车产业链环节的应用。教材很好地体现了汽车专业学习中的基础性和实用性,具有专业知识和专业认知的针对性。

本书由宋景芬副教授、夏伟老师、童寒川老师编写完成。其中,第2章由宋景芬副教授编写,第1、3、5、6、7章由夏伟编写,第4、8章由童寒川编写。全书由宋景芬负责统稿工作。在教材的编写过程中,承蒙国家开放大学和兄弟院校及企业有关人员的大力支持,在此向他们表示衷心的感谢。此外,本书在编写过程中参考了大量的文献资料,在此向原作者表示谢意。

由于编者知识水平有限,书中难免存在疏漏之处,敬请读者批评指正。

编　者
2019年9月

学习指南

0.1 学习目标
完成本门课程的学习之后,你将达到以下目标:
1. 认知目标
(1)掌握汽车电子商务的应用领域和运行模式。
(2)理解电子商务的功能特点和基本模式。
(3)了解电子商务的基本概念。
2. 技能目标
(1)熟悉电子商务的基本模式。
(2)能够正确分析汽车电子商务的应用领域。
(3)能够正确分析汽车电子商务的运行模式。
3. 情感目标
(1)发挥自主学习的能力和团队合作精神,养成良好的工作作风。
(2)发挥收集、分析学习资料的能力,培养归纳、总结、关联知识点的能力。
(3)提高分析问题、解决问题的能力。

0.2 学习内容
本教材包括以下内容:
1. 汽车电子商务基础知识

主要介绍汽车电子商务涉及的基础知识,包括电子商务的基本概念、功能和特点、基本模式,电子商务系统的组成要素、电子商务中应用的网络工具和互联网服务、电子商务安全基础;汽车电子商务涉及的领域、运行模式和发展趋势。这部分内容力求使学生了解汽车电子商务的发展现状,掌握相关基本概念和基础知识,为继续学习相关章节打下坚实的基础。

2. 汽车营销电子商务

主要介绍汽车网络市场调研的基本概念、特点、市场调研的内容、常见的网络市场调研方法;新车电子商务的内涵、发展阶段、主要商业模式、发展趋势;二手车电子商务的发展概况、主要商业模式、发展趋势等。这部分内容力求使学生了解汽车营销电子商务的前期工作——市场调研,并掌握目前汽车营销电子商务涉及的两个子领域:新车营销电子商务和二手车营销电子商务。学生应掌握汽车营销电子商务在两个子领域的发展概况、主要商业模式和发展趋势。以上内容的学习可以为日后工作积累一定的专业基本技能。

3. 汽车后市场电子商务

主要介绍汽车售后服务的相关概念、主要服务内容、经营模式、售后服务的特点,以及汽车后市场电子商务的主要商业模式:包括汽车后市场B2B电商和汽车后市场B2C电商。最后,主要分析了汽车后市场电商的典型企业案例:汽车后市场B2B电商案例——精米商城和汽车后市场B2C电商案例——途虎养车网。这部分内容力求使学生了解汽车后市场电子商务的相关内容,掌握目前汽车后市场电子商务的两种主要商业模式。学生应掌握汽车后市场电子商务的主要业务内容、发展概况、主要商业模式和发展特点，可以为日后工作积累一定的专业基本技能。

4. 汽车物流电子商务

主要介绍汽车物流的基本概念、物流系统的组成，物流信息系统的组成和相关概念，物流信息的概念、内容、特征，汽车物流管理的内容和评价等内容。这部分内容力求使学生了解汽车物流电子商务的相关内容，掌握目前汽车物流的发展现状、主要业务内容、主要模式、典型案例和发展特点。以上内容的学习可以为日后工作积累一定的专业基本技能。

5. 汽车企业客户关系管理

主要介绍汽车企业客户关系管理，包括客户关系管理的基本概念、特征、起源和发展、核心价值，汽车企业实施 CRM 的必要性，实施 CRM 需要注意的问题；汽车企业客户关系管理应用的四个层次、汽车企业客户关系管理系统总体设计、汽车企业客户关系管理案例分析等内容。这部分内容力求使学生了解汽车企业客户关系管理的基本知识，并熟练掌握客户关系管理的工作要点、典型案例及发展趋势，以上内容的学习可以为日后工作积累一定的专业基本技能。

6. 汽车电子商务网站案例

主要介绍各类汽车电子商务网站的案例，包括以神州买买车为例的汽车销售类电商平台、以瓜子二手车为例的二手车电商平台、以汽车之家为例的汽车综合类电商平台。每个案例分析中主要介绍了相关企业的发展概况、商业模式、核心能力和运营管理。这部分内容力求使学生了解汽车电子商务网站的发展现状，掌握典型案例的商业模式和经营管理，以加深对之前理论学习的理解和应用。

7. 汽车电子商务电子支付系统

主要介绍汽车电子商务的电子支付系统，包括电子支付的基本概念、特点、发展阶段、支付模式和电子支付的基本流程，详细介绍各种电子支付工具的类型和特点，分析了汽车电子商务中电子支付形式的应用、存在的安全问题和解决措施。这部分内容力求使学生了解汽车电子商务支付系统的基本组成和电子支付工具的使用过程，为日后工作积累一定的专业基本技能。

8. 汽车电子商务网站建设

主要介绍电子商务网站相关的概念、功能、分类和组成，介绍了电子商务网站的硬件平台和软件平台，介绍汽车电子商务网站建设的基本流程和汽车电子商务网站系统内容的设计、网页内容的设计。这部分内容力求使学生了解汽车电子商务网站设计与建设的相关内容，能够正确使用相关工具进行简单的汽车电子商务网站建设，为以后工作打下坚实的基础。

0.3 学习准备

在学习本教材之前，你应具备一些汽车电子商务基础知识，另外需要具有使用计算机或手机进行网页浏览、资料下载等能力。

目 录

第1章 汽车电子商务基础知识 ... 1
- 1.1 电子商务概述 ... 1
- 1.2 认识汽车电子商务 ... 16
- 本章小结 ... 19
- 自测题 ... 20

第2章 汽车营销电子商务 ... 22
- 2.1 汽车网络市场调研 ... 22
- 2.2 网络营销概述 ... 26
- 2.3 新车电子商务 ... 31
- 2.4 二手车电子商务 ... 35
- 2.5 汽车保险电子商务 ... 41
- 本章小结 ... 47
- 自测题 ... 48

第3章 汽车后市场电子商务 ... 50
- 3.1 认识汽车售后服务 ... 50
- 3.2 汽车后市场电子商务的主要商业模式 ... 53
- 3.3 汽车后市场电商案例 ... 60
- 本章小结 ... 67
- 自测题 ... 68

第4章 汽车物流电子商务 ... 69
- 4.1 认识汽车物流 ... 69
- 4.2 汽车企业物流网络信息管理 ... 79
- 4.3 汽车物流电子商务案例 ... 85
- 本章小结 ... 88
- 自测题 ... 89

第5章 汽车企业客户关系管理 ... 90
- 5.1 认识客户关系管理 ... 90
- 5.2 汽车企业客户关系网络管理系统 ... 98
- 本章小结 ... 105
- 自测题 ... 106

第6章 汽车电子商务网站案例 ... 108
- 6.1 汽车销售电商平台——神州买买车 ... 108

6.2 二手车电商平台——瓜子二手车 ··· 110
6.3 综合类汽车电商平台——汽车之家 ··· 113
　　本章小结 ·· 117
　　自测题 ·· 117

第7章　汽车电子商务电子支付系统 ··· 118
7.1 认识电子支付 ·· 118
7.2 汽车电子商务中的电子支付安全 ·· 124
　　本章小结 ·· 130
　　自测题 ·· 130

第8章　汽车电子商务网站建设 ·· 132
8.1 电子商务网站建设概述 ·· 132
8.2 汽车电子商务网站建设 ·· 139
8.3 汽车电子商务网站网页内容设计 ·· 145
　　本章小结 ·· 151
　　自测题 ·· 152

参考文献 ·· 153

第1章 汽车电子商务基础知识

导言

本章主要介绍汽车电子商务涉及的基础知识,包括电子商务的基本概念、功能和特点、基本模式,电子商务系统的组成要素、电子商务中应用的网络工具和互联网服务、电子商务安全基础,汽车电子商务涉及的领域、运行模式和发展趋势。本章的学习内容力求使学生了解汽车电子商务的发展现状,掌握相关基本概念和基础知识,为继续学习相关章节打下坚实的基础。

学习目标

1. 认知目标
(1)了解电子商务的基本概念;
(2)理解电子商务的功能特点和基本模式;
(3)掌握汽车电子商务的应用领域和运营模式。
2. 技能目标
(1)熟悉电子商务的基本模式;
(2)能够正确分析汽车电子商务的应用领域;
(3)能够正确分析汽车电子商务的运营模式。
3. 情感目标
(1)初步养成善于总结的习惯;
(2)营造乐学、善学的学习氛围;
(3)提高语言表达、沟通交流能力。

1.1 电子商务概述

1.1.1 电子商务的产生与发展

电子商务(Electronic Commerce)起源于20世纪60年代。电子商务的发展可分为两个历史阶段:
1)基于EDI的电子商务(20世纪60—90年代)

EDI 是贸易伙伴之间将商务文件按照国际标准格式从一台计算机传送到另一台计算机的电子传输方式。EDI 大大减少了纸张票据,因此被称为"无纸贸易"。20 世纪 90 年代之前的大多数 EDI 都不能通过 Internet,而是通过 VAN(增值网)来实现。由于 VAN 的费用很高,仅大型企业才会使用,因此限制了基于 EDI 电子商务应用范围的扩大。

2)基于 Internet 的电子商务(20 世纪 90 年代以来)

20 世纪 90 年代中期后,Internet 迅速普及,逐渐地从大学、科研机构走向企业和家庭。其功能也从信息共享演变为信息传输。真正规模、普及化的电子商务活动是在超文本传输协议(http)开发和 Internet 技术成熟后才开始的。

3)各国电子商务的发展情况

(1)美国。

美国电子商务的应用领域和规模都远远领先于其他国家,许多大公司纷纷利用 Internet 扩展自己的业务。特别是自克林顿总统宣布从 1999 年 1 月 1 日起政府采购将采用网络,更是将美国电子商务推上了"高速列车"。

(2)日本。

日本作为一个经济大国,对 Internet 开发利用处于比较领先的地位。日本与美国联合声明,对关税、税收、隐私权、身份确认等问题提出了一些原则提法,强调了两国在电子商务方面的磋商与合作的重要性。这个声明反映出一个信息:两个经济大国意欲通过在世界经济领域的地位与影响携手制定电子商务全球框架,以保持和加强两国在世界经济的领先地位。

(3)中国。

与国外发达国家相比较,我国的电子商务起步虽晚,但发展势头强劲。短短几年间,我国的电子商务已从启蒙阶段进入实施阶段,相继实施了一系列金字工程。1999 年 6 月,中国银行总行推出网上银行服务,这是我国电子商务发展过程中具有里程碑意义的大事。

4)电子商务产生和发展的条件

电子商务的产生和发展条件包括:

(1)计算机的广泛应用;

(2)网络的普及和成熟;

(3)信用卡的普及应用;

(4)电子安全交易协议的制定(SET);

(5)政府的支持和推动。

电子商务是以信息网络技术为手段,以商品交换为中心的商务活动,也可理解为在互联网(Internet)、企业内部网(Intranet)和增值网(VAN,Value Added Network)基础上以电子交易方式进行交易活动和相关服务的活动,是传统商业活动各环节的电子化、网络化、信息化。

电子商务通常是指在全球各地广泛的商业贸易活动中,在 Internet 开放的网络环境下,基于浏览器/服务器应用方式,买卖双方不谋面地进行各种商贸活动,实现消费者的网上购物、商户之间的网上交易和在线电子支付以及各种商务活动、交易活动、金融活动和相关的综合服务活动的一种新型的商业运营模式。电子商务分为 ABC、B2B、B2C、C2C、B2M、M2C、B2A(即 B2G)、C2A(即 C2G)、O2O 等。

1.1.2 电子商务的基本概念与功能

1)电子商务的基本概念

电子商务是利用微电脑技术和网络通信技术进行的商务活动。各国政府、学者、企业界人士根据自己所处的地位和对电子商务参与的角度和程度的不同,给出了许多不同的定义。但是,电子商务不等同于商务电子化。

电子商务即使在各国或不同的领域有不同的定义,但其依然是依靠着电子设备和网络技术进行的商业模式。随着电子商务的高速发展,它已不仅包括购物的主要内容,而且还包括物流配送等附带服务。电子商务包括电子货币交换、供应链管理、电子交易市场、网络营销、在线事务处理、电子数据交换(EDI)、存货管理和自动数据收集系统。在此过程中,利用到的信息技术包括:互联网、外联网、电子邮件、数据库、电子目录和移动电话。

电子商务可划分为广义和狭义的电子商务。广义的电子商务定义为使用各种电子工具从事商务活动。狭义电子商务定义为主要利用 Internet 从事商务或活动。无论是广义的还是狭义的电子商务的概念,电子商务都涵盖了两个方面:一是离不开互联网这个平台,没有了网络,就称不上为电子商务;二是通过互联网完成的是一种商务活动。

狭义上讲,电子商务是指通过使用互联网等电子工具(这些工具包括电报、电话、广播、电视、传真、计算机、计算机网络、移动通信等)在全球范围内进行的商务贸易活动。它是以计算机网络为基础所进行的各种商务活动,包括商品和服务的提供者、广告商、消费者、中介商等有关各方行为的总和。人们一般理解的电子商务是指狭义上的电子商务。广义上讲,电子商务一词源自 Electronic Business,就是通过电子手段进行的商业事务活动。通过使用互联网等电子工具,使公司内部、供应商、客户和合作伙伴之间,利用电子业务共享信息,实现企业间业务流程的电子化,配合企业内部的电子化生产管理系统,提高企业的生产、库存、流通和资金等各个环节的效率。

综上所述,狭义电子商务是在互联网开放的网络环境下,基于浏览器/服务器应用方式,实现消费者的网上购物、客户之间的网上交易和在线电子支付的一种新型的商业运营模式。广义电子商务侧重于把企业的各种事务活动全部构架在互联网上的工作模式,广义电子商务比狭义电子商务有着更为广泛的运用范围。

联合国国际贸易程序简化工作组对电子商务的定义是:采用电子形式开展商务活动,它包括在供应商、客户、政府及其他参与方之间通过任何电子工具,如 EDI、Web 技术、电子邮件等共享非结构化商务信息,并管理和完成在商务活动、管理活动和消费活动中的各种交易。电子商务是利用计算机技术、网络技术和远程通信技术,实现电子化、数字化和网络化、商务化的整个商务过程。电子商务是以商务活动为主体,以计算机网络为基础,以电子化方式为手段,在法律许可范围内所进行的商务活动交易过程。电子商务是运用数字信息技术,对企业的各项活动进行持续优化的过程。狭义电子商务集中于电子交易,强调企业与外部的交易与合作。而广义电子商务则把涵盖范围扩大了很多。广义上指使用各种电子工具从事商务或活动。狭义上指利用 Internet 从事商务的活动。

2）电子商务的功能

电子商务可提供网上交易和管理等全过程的服务，具有广告宣传、咨询洽谈、网上订购、网上支付、电子账户、服务传递、意见征询、交易管理等各项功能。

(1) 广告宣传。电子商务可凭借企业的 Web 服务器，在 Internet 上发布各类商业信息。客户可借助网上的检索工具 (Search) 迅速地找到所需商品信息，而商家可利用网上主页 (Homepage) 和电子邮件 (E-mail) 在全球范围内作广告宣传。与以往的各类广告相比，网上的广告成本低廉，而给顾客的信息量却很丰富。

(2) 咨询洽谈。电子商务可借助非实时的电子邮件 (E-mail)、新闻组 (News Group) 和实时的讨论组 (Chat) 来了解市场和商品信息、洽谈交易事务。如有进一步的需求，还可用网上的白板会议 (Whiteboard Conference) 来交流即时的图形信息。网上的咨询和洽谈能超越人们面对面洽谈的限制，提供多种方便的异地交谈形式。

(3) 网上订购。电子商务可借助 Web 中的邮件交互传送实现网上的订购。网上的订购通常都是在产品介绍的页面上提供十分友好的订购提示信息和订购交互格式框。当客户填完订购单后，通常系统会回复确认信息单来保证订购信息的收悉。订购信息也可采用加密的方式使客户和商家的商业信息不会泄漏。

(4) 网上支付。电子商务要成为一个完整的过程，网上支付是重要的环节。客户和商家之间可采用信用卡账号实现支付，并可省去交易中很多人员的开销。网上支付将需要更为可靠的信息传输安全性控制，以防止欺骗、窃听、冒用等非法行为。

(5) 电子账户。网上的支付必须有电子金融支持，即银行或信用卡公司及保险公司等金融单位要为金融服务提供网上操作的服务。而电子账户管理是其基本的组成部分。

(6) 服务传递。对于已付款的客户，应将其订购的货物尽快地传递到他们的手中。而有些货物在本地，有些货物在异地，电子邮件将能在网络中进行物流的调配。最适合在网上直接传递的货物是信息产品。

(7) 意见征询。电子商务能十分方便地采用网页上的"选择""填空"等格式文件来收集用户对销售服务的反馈意见。这样能使企业的市场运营形成一个封闭的回路。客户的反馈意见不仅能提高售后服务的水平，而且还能使企业获得改进产品、发现市场的商业机会。

(8) 交易管理。整个交易的管理将涉及人、财、物多个方面，即企业和企业、企业和客户及企业内部等各方面的协调和管理。因此，交易管理是涉及商务活动全过程的管理。

3）电子商务的特点

(1) 更广阔的环境。人们不受时间和空间以及传统购物的诸多限制，可以随时随地在网上交易。通过跨越时间、空间，使企业在特定的时间里能够接触到更多的客户，为其提供更广阔的发展环境。

(2) 更广阔的市场。在网络上，这个世界将会变得更小，一个商家可以面对全球的消费者，而一个消费者可以在全球的任何一个商家购物。一个商家可以去挑战不同地区、不同类别的买家客户群，在网上能够收集到丰富的买家信息，进行数据分析。

(3) 快速流通和低廉价格。电子商务减少了商品流通的中间环节，节省了大量的开支，从而也大大降低了商品流通和交易的成本。通过电子商务，企业能够更快地匹配买家，实现真正的产—供—销一体化，能够节约资源，减少不必要的浪费。

1.1.3 电子商务系统的组成要素

在一个典型的电子商务系统中,包括以下基本组成要素:

(1)电子商务实体,指能够从事电子商务的客观对象,即企业、银行、商店、政府机构和消费者等。

(2)电子市场,指电子商务实体从事商品和服务交换的场所,是由商务活动参与者利用各种电子工具和网络连接而成的一个统一的整体。

(3)交易事务,指电子商务实体之间所从事的具体的商务活动,包括询价、报价、转账支付、广告宣传和商品运输等。

(4)信息流,既指商品信息的提供和发布,也指查询单价、报价单、付款通知单等商业贸易凭证的网上传递,以及交易方支付能力和支付信誉的认证等。

(5)资金流,指资金的转移过程,包括付款和转账等。

(6)物流,指物质实体的流动过程,包括运输、储存、配送、装卸和保管等各种活动。

电子商务概念模型见图1-1。

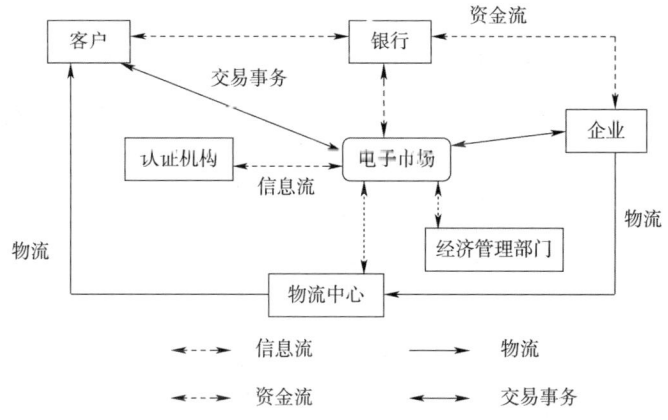

图1-1 电子商务概念模型

以上概念模型中,快捷方便的信息流是电子商务的最大优势,电子支付的资金流是电子商务的关键环境,顺畅高效的物流是电子商务的物质保障和最后终结。总之,"三流"的协调匹配、良性互动是电子商务健康发展的必要条件和客观要求。

1.1.4 电子商务的基本模式

1)电子商务常见的分类方式

(1)按照商业活动的运行方式,电子商务可以分为完全电子商务和非完全电子商务。

(2)按照商务活动的内容,电子商务主要包括间接电子商务(有形货物的电子订货和付款,仍然需要利用传统渠道如邮政服务和商业快递车送货)和直接电子商务(无形货物和服务,如某些计算机软件、娱乐产品的联机订购、付款和交付,或者是全球规模的信息服务)。

(3)按照开展电子交易的范围,电子商务可以分为区域化电子商务、远程国内电子商务、全球电子商务。

（4）按照使用网络的类型，电子商务可以分为基于专门增值网络（EDI）的电子商务、基于 Internet 的电子商务、基于 Intranet 的电子商务。

（5）按照交易对象，电子商务可以分为企业对企业的电子商务（B2B），企业对消费者的电子商务（B2C），企业对政府的电子商务（B2G），消费者对政府的电子商务（C2G），消费者对消费者的电子商务（C2C），企业、消费者、代理商三者相互转化的电子商务（ABC），以消费者为中心的全新商业模式（C2B2S）和以供需方为目标的新型电子商务（P2D）。

2）电子商务的基本模式

（1）ABC（Agent，Business，Consumer）。

ABC 模式是新型电子商务模式的一种，被誉为继阿里巴巴 B2B 模式、京东商城 B2C 模式以及淘宝 C2C 模式之后电子商务界的第四大模式。它由代理商、商家和消费者共同搭建的集生产、经营、消费为一体的电子商务平台。三者之间可以转化。大家相互服务，相互支持，你中有我，我中有你，真正形成一个利益共同体。

（2）B2B（Business to Business）。

商家（泛指企业）对商家的电子商务，即企业与企业之间通过互联网进行产品、服务及信息的交换。通俗的说法是指进行电子商务交易的供需双方都是商家（或企业、公司），它们使用 Internet 的技术或各种商务网络平台（如拓商网）完成商务交易的过程。这些过程包括：发布供求信息，订货及确认订货，支付过程，票据的签发、传送和接收，确定配送方案并监控配送过程等。

（3）B2C（Business to Customer）。

B2C 模式是中国最早产生的电子商务模式，如今的 B2C 电子商务网站非常地多，比较大型的有天猫商城、京东商城、一号店、亚马逊、苏宁易购、国美在线等。

（4）C2C（Consumer to Consumer）。

C2C 同 B2B、B2C 一样，都是电子商务的几种模式之一。不同的是 C2C 是用户对用户的模式，C2C 商务平台就是通过为买卖双方提供一个在线交易平台，使卖方可以主动提供商品上网拍卖，而买方可以自行选择商品进行竞价。

（5）B2M（Business to Manager）。

B2M 相对于 B2B、B2C、C2C 的电子商务模式而言，是一种全新的电子商务模式。这种电子商务相对于以上三种有着本质的不同，根本的区别在于目标客户群的性质不同。前三者的目标客户群都是作为一种消费者的身份出现，而 B2M 所针对的客户群是该企业或者该产品的销售者或者为其工作者，而不是最终消费者。

（6）B2G（Business to Government）。

B2G 模式是企业与政府管理部门之间的电子商务，如政府采购、海关报税的平台、国税局和地税局报税的平台等。

（7）M2C（Manufacturers to Consumer）。

M2C 是针对 B2M 的电子商务模式而出现的延伸概念。B2M 环节中，企业通过网络平台发布该企业的产品或者服务，职业经理人通过网络获取该企业的产品或者服务信息，并且为该企业提供产品销售或者提供企业服务，企业通过经理人的服务达到销售产品或者获得服务的目的。

(8) O2O(Online to Offline)。

O2O是新兴起的一种电子商务新商业模式,即将线下商务的机会与互联网结合在一起,让互联网成为线下交易的前台。这样线下服务就可以用线上来揽客,消费者可以用线上来筛选服务,成交也可以在线结算,很快达到规模。该模式最重要的特点是:推广效果可查,每笔交易可跟踪。以美乐乐的O2O模式为例,其通过搜索引擎和社交平台建立海量网站入口,将在网络的一批家居网购消费者吸引到美乐乐家居网,进而引流到当地的美乐乐体验馆。线下体验馆则承担产品展示与体验以及部分的售后服务功能。

(9) C2B(Customer to Business)。

C2B是电子商务模式的一种,即消费者对企业。最先由美国流行起来的C2B模式也许是一个值得关注的尝试。C2B模式的核心是通过聚合分散分布但数量庞大的用户形成一个强大的采购集团,以此来改变B2C模式中用户一对一出价的弱势地位,使用户享受到以大批发商的价格买单件商品的利益。

(10) P2D(Provide to Demand)。

P2D是一种全新的、涵盖范围更广泛的电子商务模式,强调的是供应方和需求方的多重身份,即在特定的电子商务平台中,每个参与个体的供应面和需求面都能得到充分满足,充分体现特定环境下的供给端报酬递增和需求端报酬递增。

(11) B2B2C(Business to Business to Customers)。

B2B2C是一种新的网络通信销售方式。第一个B指广义的卖方(即成品、半成品、材料提供商等)。第二个B指交易平台,即提供卖方与买方的联系平台,可提供优质的附加服务。C指买方。卖方可以是公司,也可以是个人,即一种逻辑上的买卖关系中的卖方。

(12) C2B2S(Customer to Business-Share)。

C2B2S模式是C2B模式的进一步延伸。该模式很好地解决了C2B模式中客户发布需求产品初期无法聚集庞大的客户群体,致使与邀约的商家交易失败的问题。全国首家采用该模式的平台有晴天乐客。

(13) B2T(Business to Team)。

B2T是继B2B、B2C、C2C后的又一种电子商务模式,即为一个团队向商家采购。团购B2T,本来指"团体采购",而今只有网络的普及成了很多中国人参与的消费革命。所谓网络团购,就是互不认识的消费者,借助互联网的"网聚人的力量"来聚集资金,加大与商家的谈判能力,以求得最优的价格。尽管网络团购的出现只有短短两年多的时间,却已经成为在网民中流行的一种新消费方式。据了解,网络团购的主力军是年龄25~35岁的年轻群体,在北京、上海、深圳等大城市十分普遍。

1.1.5 电子商务中应用的网络工具和互联网服务

1) 常用网络工具介绍

(1) 上传工具(图1-2)。

Cute-FTP是一个全新的商业级FTP客户端程序,其加强的文件传输系统能够完全满足如今商家们的应用需求。

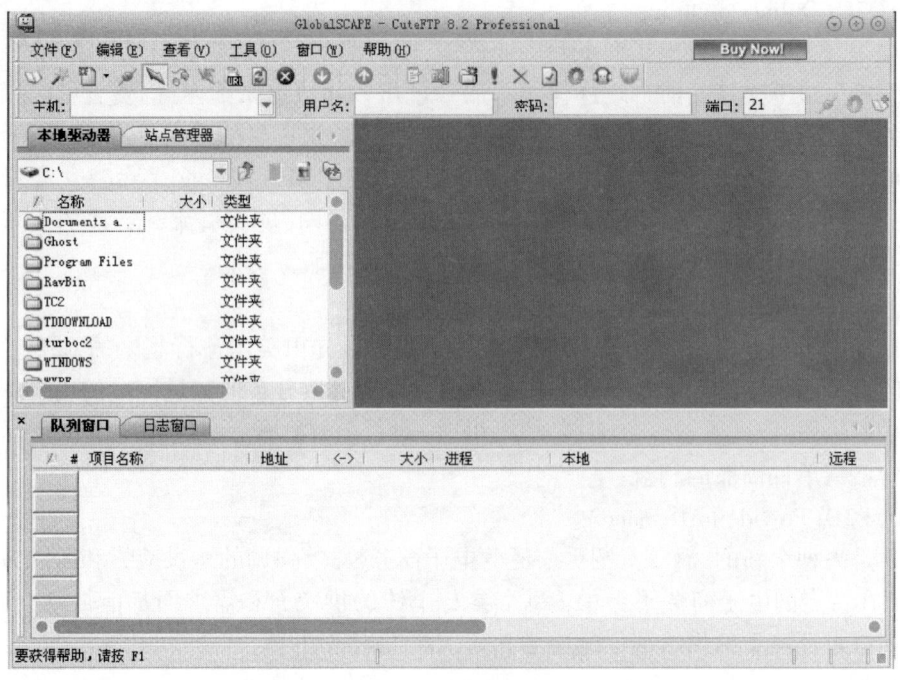

图 1-2　上传工具

（2）下载工具（图 1-3）。

迅雷是由迅雷公司开发的一款多资源超线程、基于 p2sp 技术的下载软件系列，包括迅雷、Web 迅雷、迷你迅雷等一系列产品。

图 1-3　下载工具

(3)Outlook Express。

①Outlook Express 界面(图1-4)。

Outlook Express 是内嵌在 Windows 操作系统中的客户端电子邮件应用程序。

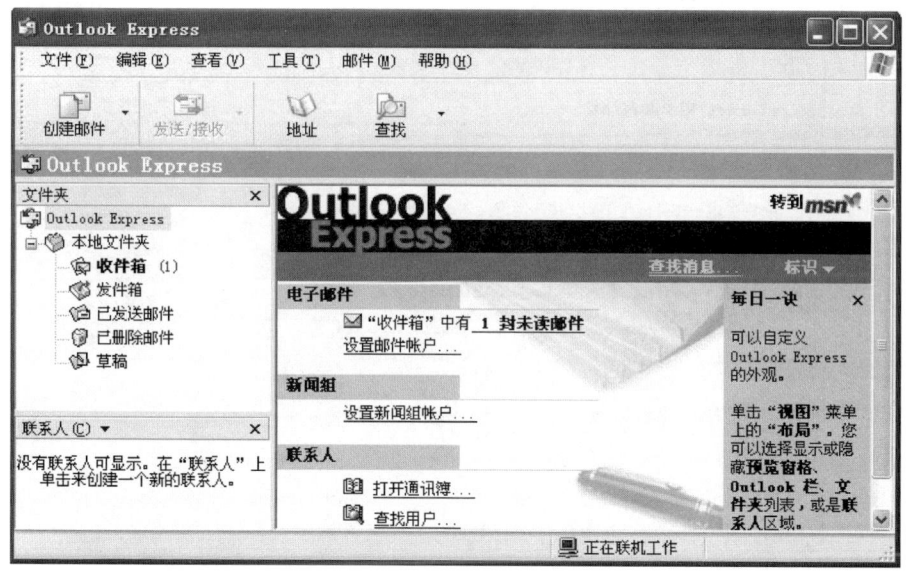

图1-4　Outlook Express 界面

②创建邮件帐户。

用户要使用 Outlook Express 收发邮件必须首先建立自己的邮件帐户,即设置从哪个邮件服务器接收邮件、通过哪个邮件服务器发送邮件以及接收邮件时的登录帐户和密码等。Outlook Express 可以管理多个信箱帐户,每个帐户只需进行一次信箱连接,然后保存用户设置,多次登录查看邮件而不需要再次输入用户名和密码。

创建新的邮件帐户可以执行"工具"菜单的"帐户"命令,在出现的"Internet 帐户"对话框中选择"邮件"标签,如图1-5所示。点击图中的"添加"按钮,选择"邮件"子选项,在出现"Internet 连接向导"中输入必要信息,单击"下一步"。

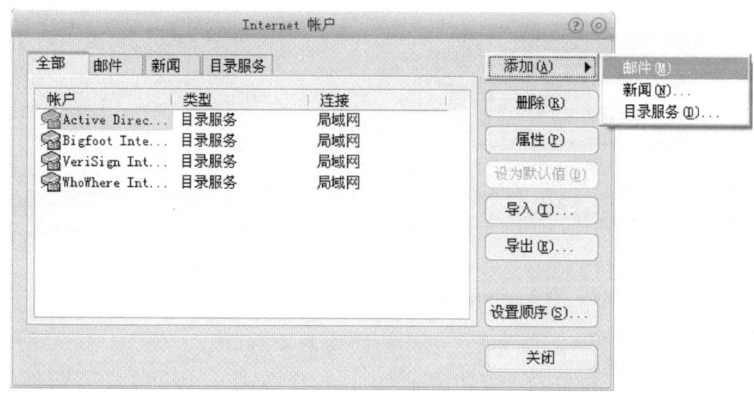

图1-5　"Internet 帐户"对话框

接着进入"Internet 电子邮件地址"项(图 1-6)。一般情况下,选择"我想使用一个已有的电子邮件地址",然后在电子邮件地址栏中填入已经申请过的电子邮件地址,如 xiaoyong1216@sohu.com。如果没有电子信箱,就选择"我想申请一个新的帐户",申请一个免费邮箱。单击"下一步"进入连接向导第三步。

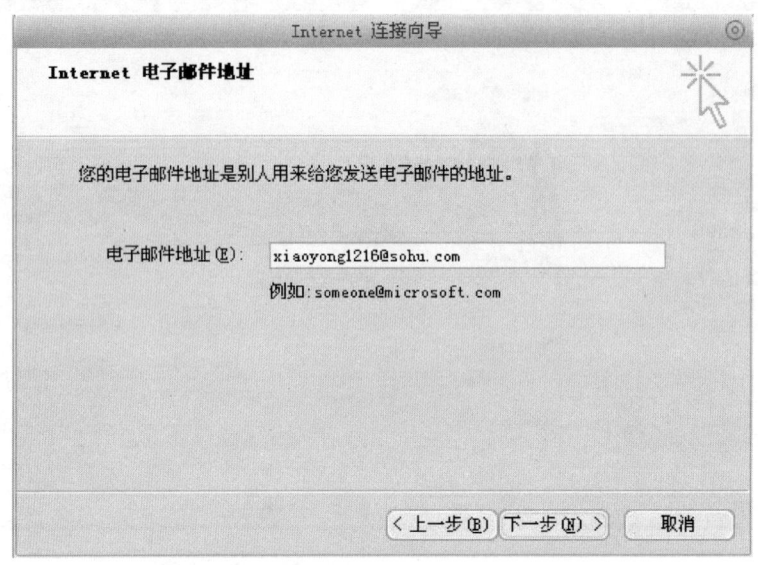

图 1-6 "Internet 电子邮件地址"界面

在图 1-7 所示的对话框中选择服务器的类型(POP3、IMAP 或 HTTP),并输入接收邮件和发送邮件的服务器名称,然后单击"下一步"。

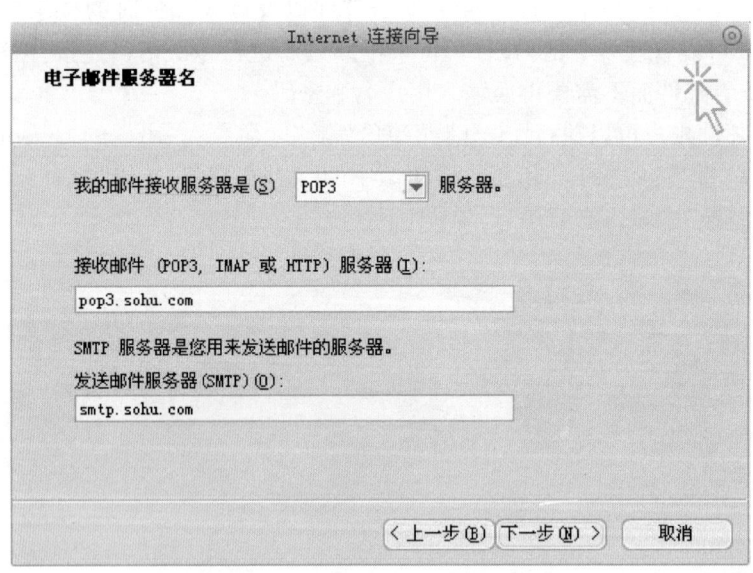

图 1-7 "电子邮件服务器名"界面

在图 1-8 中输入密码,并勾选"记住密码"选项,下次登录就可以不需输入密码(如果计算机是和别人共享的,则不选择这一项)。

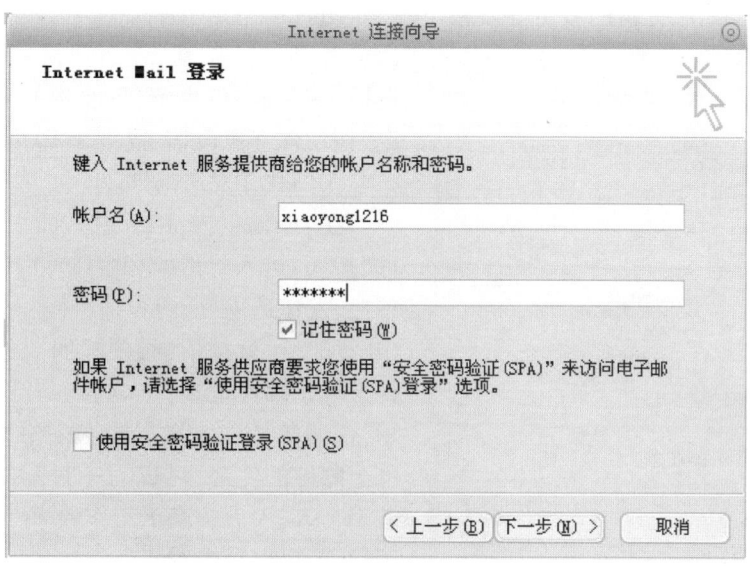

图 1-8 "Internet Mail 登录"界面

③收发邮件。

在 Outlook Express 主界面中点击"工具"菜单下的"发送和接收"中的"接收全部邮件",或者单击工具栏上"发送/接收"按钮旁边的下三角按钮,从下拉菜单中选择"接收全部邮件"命令。在接收邮件的过程中会弹出下载邮件对话框,显示完成的任务和任务的进度等信息。邮件接收完毕后,Outlook Express 自动将接收到的邮件放到对应帐户的"收件箱"文件夹中,供用户查看和阅读(图 1-9)。

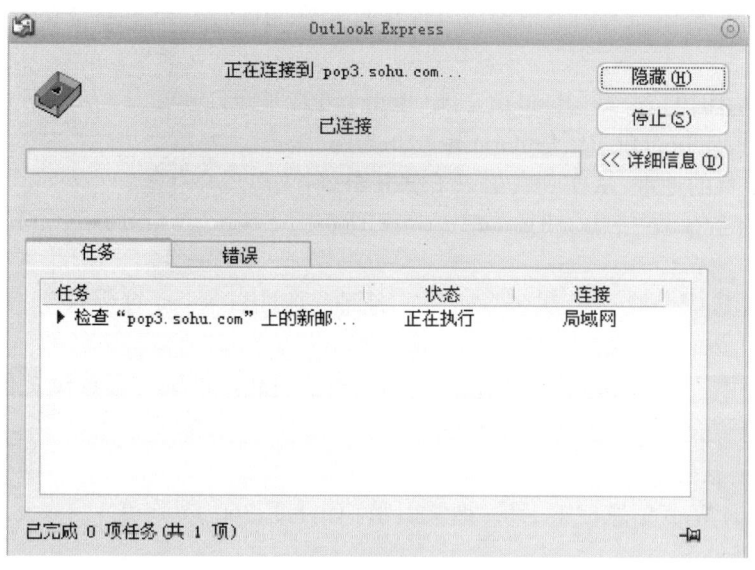

图 1-9 "正在连接"界面

④调整帐户设置。

用户添加帐户之后可能需要调整帐户中的某些设置,例如,用户帐户和密码、POP3 服务器的域名及SMTP服务器的域名等信息。在"Internet 帐户"对话框中,选择需要调整的帐户后单击"属性"按钮,在出现帐户属性对话框中选择"服务器"选项卡,更改相关设置后单击"确定"按钮保存更改信息(图1-10)。

⑤书写并发送邮件。

在 Outlook Express 主界面上单击"创建邮件"按钮,进入邮件编写窗口。窗口分三部分:菜单栏、发送选项栏、内容编辑框。这就好比写信,中间那一栏就是信封,要写明收件人地址,即收件人电子邮件地址;主题,则是给收件人一个提示,说明邮件的主题。抄送一栏,则充分体现了电子邮件的优势,可以写一封邮件,同时发送给若干个人,大大提高了工作效率。内容框就相当于信纸,可以写内容。

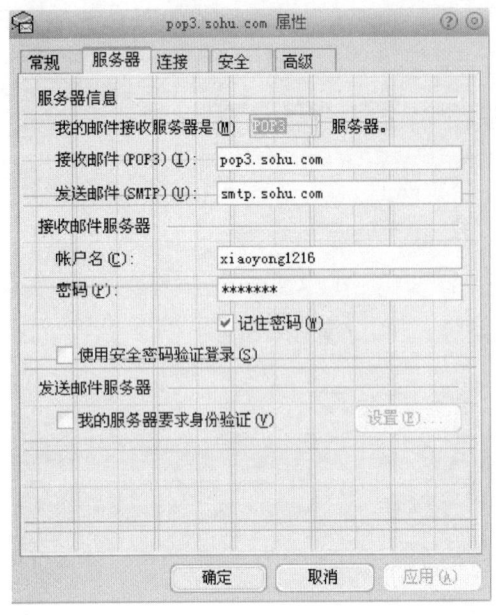

图1-10 "pop3.sohu.com 属性"界面

2)电子商务中常用的互联网服务

(1)Web 信息浏览。

WWW 是环球信息网(World Wide Web)的简称,也称为"万维网"或"Web"。WWW 的成功在于它制定了一套标准的、易为人们掌握的超文本标记语言(HTML)、信息资源的统一定位格式(URL)和超文本传送通信协议(HTTP)。

①超文本标记语言(HTML,Hyper Text Mark Language)。

它能把存放在一台计算机中的文本或图形与另一台计算机中的文本或图形方便地联系在一起,形成有机整体。人们不用考虑具体信息是在当前计算机上还是在网络的其他计算机上。

HTML 的结构包括头部(Head)、主体(Body)两大部分。

②统一资源定位符(URL,Uniform Resource Locator)。

它是 Web 页的地址,从左到右由以下部分组成:

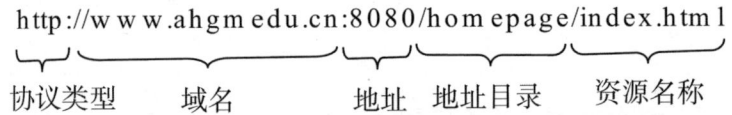

协议类型　　域名　　地址　地址目录　资源名称

③主页(Homepage)。

它是一种用超文本标记语言将信息组织好,再经过相应的解释器或浏览器翻译出文字、图像、声音、动画等多种信息的组织方式。

(2)Web 信息检索。

国内常用的 Web 信息检索工具(搜索引擎)有百度、360、搜狗等。

(3)电子邮件。

电子邮件是用户或用户组之间通过计算机网络收发信息的服务。使用电子邮件服务的前提是,发送者和接收者都拥有电子信箱,又称为电子邮件地址(E-mail Address)。电子信箱是提供电子邮件服务的机构,专为用户建立的,实际上是该机构在与 Internet 联网的计算机上为用户分配的一个专门用于存放往来邮件的磁盘存储区域,这个区域是由电子邮件系统管理的。

(4)信息发布。

①网站信息更新和发布。

互联网的魅力,很大程度在于它能源源不断地提供最及时的信息。电子商务网站尤其需要经常更新信息、产品等。

②论坛信息发布。

一般的网站虚拟社区都有博客、论坛、相册、部落、分类信息等产品(服务)。论坛是虚拟社区的一种服务,满足个人沟通、创造、表现等多重需求。中文类论坛规模比较大的有:中华网论坛、天涯论坛、搜狐论坛、百度论坛。

(5)文件上传下载。

文件传输协议是 Internet 文件传送的基础。通过该协议,用户可以从一个 Internet 服务器向另一个 Internet 服务器复制文件。在 FTP 的使用当中,用户经常遇到两个概念:下载(Download)和上传(Upload)。

1.1.6 电子商务安全基础

1)电子商务安全需求

一般来说,电子商务安全需求包括以下几个方面:

(1)交易实体身份真实性的需求:信息发送者身份的真实性、服务器的真实性、交易双方身份的真实性。

(2)信息保密性的需求:信息的隐私问题、交易内容的保密性。

(3)信息完整性的需求:网络传输的可靠性、恶意程序的破坏。

(4)交易信息认可的需求:使交易信息具有不可抵赖性。

(5)访问控制的需求:入网访问控制需求、网络权限控制的需求、网络服务器安全控制需求、网络端口和节点的安全控制需求。

(6)信息的有效性需求:交易双方对交易信息不可篡改、防止第三方非法的修改、删除或重放。

2)计算机的安全隐患

(1)计算机操作系统的安全问题:操作系统的安全功能不全或设计时存在漏洞会给电子商务的开展造成很大的安全隐患。

包括:计算机应用软件的安全问题、数据库的安全问题、其他一些软件问题(Cookie 程序、Java 应用程序、IE 浏览器)。

(2)通信传输协议的安全问题:数据流明文传输、源地址欺骗或 IP 欺骗、源路由欺骗。

(3)网络安全管理的问题:用户权限管理与规划、服务管理与规划、缺省用户管理、安全漏洞跟踪、危机管理。

3)电子商务安全交易体系(表1-1)

电子商务安全交易体系 表1-1

安 全 要 素	可 能 损 失	防 范 措 施
信息的保密性	数据被泄露或篡改	信息加密
信息的完整性	信息丢失和变更	数字摘要
信息的验证性	冒名发送接收数据	数字证书
信息的认可性	发送数据后抵赖	数字时间戳与签名
信息的授权性	未经授权擅自侵入	防火墙、口令

(1) 信息加密技术。

信息加密技术是一种主动的信息安全防范措施。它利用一定的加密算法，将那些要在公共通道(如 Internet)传输的商务活动中的信息数据，先转换成为无意义的密文后，再通过公共通道传输，使非法用户"黑客"在获取通过网络传输的密文时，无法恢复成原文，从而确保数据的保密性。加密也就是使信息变异。

单钥密码体制：所用的加密密钥和解密密钥相同，或实质上等同，即从一个易于得出另一个。

双钥密码体制：加密密钥和解密密钥不相同，从一个难于推出另一个。

保密系统的基本要求：系统即使达不到理论上是不可破的，也应当为实际上不可破的。系统的保密性不依赖于对加密体制或加密算法的保密，而依赖于密钥、加密和解密算法适用于所有密钥空间中的元素、系统便于实现和使用方便。

(2) 信息摘要技术。

由于交易双方在相互传递贸易单据、交易合同和其他文件的过程中，可能因为上述原因造成接收到数据出现不完整的情况，所以，在电子商务的活动中需要一种技术来验证接收到的数据是否与发送方发送的数据完全一致，信息摘要技术可以满足这种要求。

(3) 认证技术与数字证书。

认证系统的组成和要求：为了确保信息的真实性和防伪性，必须使发送的消息具有被验证性，使接收者或第三者能够识别消息的真伪。实现这类功能的密码技术称作数字认证技术。

信息认证系统的要求：

①认定接收者能够检验和证实消息的合法性和真实性。

②消息的发送者对所发送的消息有不可抵赖性。

③除了合法消息发送者外，其他人不能伪造合法的消息。而且在已知合法密文 c 和相应消息 m 的前提下，要确定加密密钥或系统地伪造合法密文在计算上是不可行的。

④必要时可由第三者做出仲裁。

(4) 数字签名技术。

数字签名解决的问题：

①接收者能够核实发送者对报文的签名。

②发送者事后不能抵赖对报文的签名。

③接送者和第三者不能伪造对报文的签名。

利用杂凑函数进行数字签名步骤：

①将报文按双方约定的 HASH 算法计算得到一个固定位数的报文摘要。在数学上保证,只要改动报文中任何一位,重新计算出的报文摘要值就会与原先的值不相符。这样就保证了报文的不可更改性。

②将该报文摘要值用发送者的私人密钥加密,然后连同原报文一起发送给接收者,而产生的报文即称数字签名。

③接收方收到数字签名后,用同样的 HASH 算法对报文计算摘要值,然后与用发送者的公开密钥进行解密解开的报文摘要值相比较,如相等,则说明报文确实来自所称的发送者。

(5)数字证书与 CA 认证。

数字证书(Digital Certificate)也叫数字标识(Digital ID)、数字凭证、公开密钥证书,是用电子手段来证实一个用户的身份和对网络资源的访问权限,见图 1-11。

数字证书内容一般包括:
①证书拥有者的姓名;
②证书拥有者的公钥;
③公钥的有效期;
④颁发数字证书的单位;
⑤颁发数字证书单位的数字签名;
⑥数字证书的序号;
⑦证书拥有者的数字签名;
⑧证书的版本号。

数字证书的类型包括:
①个人数字证书;
②企业数字证书;
③服务器数字证书;
④代码签名数字证书;
⑤安全电子邮件数字证书。

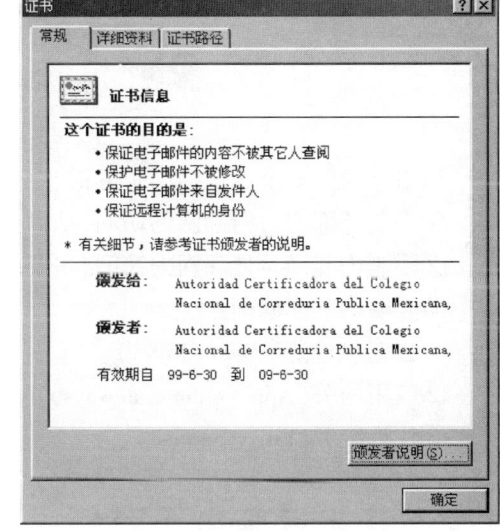

图 1-11　数字证书

CA(Certification Authority,认证机构)是一个具有权威性和公正性,提供身份认证的第三方机构。它是交易双方都信任的组织实体。其基本功能包括:

①证书颁发;
②证书的更新;
③证书的查询;
④证书申请的查询;
⑤用户证书的查询;
⑥证书的作废;
⑦证书归档;
⑧提供密钥托管和密钥恢复服务。

另外,认证中心还对电子商务中的数据加密、数字签字、防抵赖、数据完整性以及身份鉴别所需的密钥和认证实施统一管理,以保证网上交易安全进行。

(6)防火墙。

防火墙是指一种逻辑装置,用来保护内部的网络不受来自外界的侵害。也就是在内部网与外部网之间的界面上构造一个保护层,并强制所有的连接都必须经过此保护层,在此进行检查和连接。只有被授权的通信才能通过此保护层,从而保护内部网资源免遭非法入侵。防火墙主要用于实现网络路由的安全性。防火墙示意图如图1-12所示。

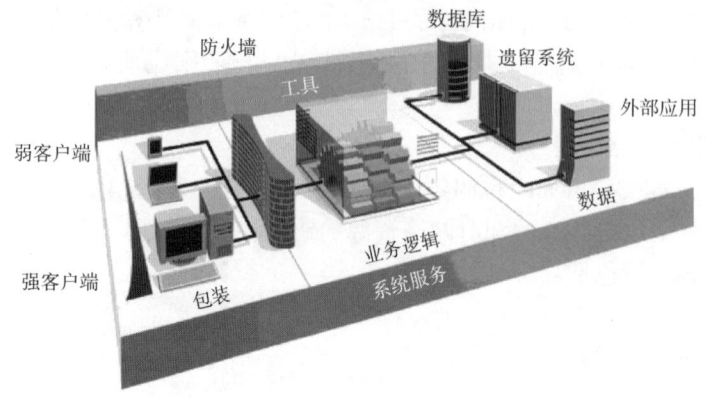

图1-12 防火墙示意图

网络路由的安全性包括两个方面:
①限制外部网对内部网的访问,从而保护内部网特定资源免受非法侵犯;
②限制内部网对外部网的访问,主要是针对一些不健康信息及敏感信息的访问。
防火墙的工作原理:
①数据包过滤(Packet Filter);
②应用网关(Application Gateways);
③代理服务(Proxy Service)。

1.2 认识汽车电子商务

电子商务是一种通过网络通信和互联网信息技术为商家和消费者提供实现线上交易的平台。而对于汽车电子商务来说,它是通过网络来进行汽车信息的公布、产品销售及售后服务的综合过程。汽车行业对于电子商务的应用是一个逐步进化的过程,这个过程可归结为五个阶段。首先是公司网络平台的建立,公司官方网站是重要的宣传平台。其次是企业网上市场调研,全方位了解网上社交媒体、网上购物平台、网上消费者需求等情况是充分利用电子商务的前提;然后建立企业与各分销渠道的合作联系,时刻掌握分销商的商品销售情况。再者建立公司的网上直销平台,专门推销公司商品。最后是完善网上供应链的运作。

1.2.1 汽车电子商务涉及领域

中国汽车电子商务已经历了多年的培育成长。三大汽车网站都已存在十年以上(汽车之家成立于2005年,爱卡汽车于2002年创建,易车网于2004年正式发布),经网络汽车媒体的多年培育,在近年来的繁荣经济环境、宽松政策环境与领先产业市场环境多重作用下得以加速发展。在二手车交易与汽车后服务市场两方面,电商繁荣发展,新车电商则处于萌芽期。

(1) 新车销售网络模式成熟,多家电商平台参与试水。

2014年我国新车市场销量为2349万辆,其中电商渠道销量约为30万辆,新车电商销量比例为1.3%。从数据来看,汽车电商的渗透率仍然较低,但不可否认的是汽车电商的前景还是很广阔的。

(2) 汽车后市场电商迅速繁荣,各方资金涌入,引致市场竞争剧烈。

与新车市场相比,汽车后市场的竞争性质更强。由于品牌车企无法垄断,且单店的开业成本不高,汽车后市场的进入难度大大降低,使得这一市场的进入企业数目迅速扩张。在中国家庭汽车保有量迅速增加的同时,汽车售后服务体系尚未建立完善。互联网的普及率是汽车后市场电商发展的基础,用户渗透率将逐步提升。截至2014年底,我国网民已超过6亿,互联网普及率已超过50%,汽车后市场电商渗透率达到2.9%,后期将继续提升。意识到这一市场空间巨大,更多的创业者涌入汽车后市场,汽车维修服务电商模式多种形式并存:汽车配件和用品的B2B和B2C模式、维修服务电商、新兴的用车服务(如代驾服务、汽车金融信贷服务)。

(3) 二手车市场极具商业价值,电商的盈利模式呈现多元化发展。

得益于新车市场的不断冲高,我国二手车交易量稳定增长,平均增幅超过新车交易量,二手车与新车的交易比为1∶4,而成熟市场的比例为1∶0.7。可以推测,未来的二手车市场增长空间巨大。相对成熟的海外市场,我国车源非常分散,大部分在个人车主手中,企业(租赁公司、品牌厂商等)占比很小。消费者倾向于购买新车,对于二手车的购买习惯尚未全面形成;流通渠道较长且低效,行业内普遍是规模很小的商家,没有大型的拍卖或连锁零售企业;没有成熟的售后服务体系为二手车提供保障;行业标准缺失,没有权威的车况和车价标准和规范。

目前我国二手车电商主要的商业模式有信息服务型(代表网站有二手车之家、人人车、淘车网、搜狐二手车、二度车网等)、交易服务型(代表网站有273二手车交易网、车唯网)、在线拍卖型(代表网站有车易拍、优信拍、平安好车、优车诚品和开新)、线上服务提供商(代表网站有精真估、公平价、车多少、车300等)。二手车市场交易量呈现高速增长的态势,市场空间巨大。2014年二手车市场销售量为605万辆,其中二手车竞拍交易销售量约为24万辆。预计到2020年全国二手车交易量将超过2000万辆,交易额将超过1万亿元。

二手车电商如果能够有效整合车源和商家资源,利用互联网技术与模式提升二手车流通效率,同时降低流通交易成本,将更进一步扩大市场(围绕交易的服务如广告、信息、检测、估价、数据服务),从中受益。其中二手车的检测和数据服务具有极大的商业价值,车辆的用车历史和车况、车价三项服务尤其需要服务标准化。二手车的流通交易渠道趋于扁平化,经营模式多样化,O2O协同作用更有效。

1.2.2 汽车电子商务的运营模式

汽车行业电子商务应用一般分为以下5个层次。

第一层次：企业网上宣传；
第二层次：企业网上市场调研；
第三层次：企业与分销渠道网络联系模式；
第四层次：企业网上直接销售模式；
第五层次：供应链网上营销集成模式。

国外汽车电子商务已经从第一、第二层次逐步发展到了第四、第五层次。我国的汽车行业电子商务也已经逐步展开，但目前仍主要处于第一、第二层次。基于以上电子商务发展的不同层次，不能把电子商务片面地理解为电子网店或建立网站。这种有"电子"无"商务"的层次不能算作真正意义上的电子商务。

1）B2B 模式

美国汽车行业 B2B 的电子商务中心模式主要用于改善汽车生产商和零部件供应商的关系，通过集成供应链的上游企业，达到降低采购成本和提高效率的目的。例如福特（Ford）公司的 Autoxchange，都是 B2B 电子商务中心采购模式的成功典范。

目前，我国汽车行业的各大中型企业都建立了自己的网站，基本上都有自己的 ERP 系统，在其内部已有了较为完善的供应链管理模式。何时何地采购、采购量都可以直接由 MRP（Manufacturing Resource Planning，物料需求计划）根据生产计划自动决定，为生产活动提供及时的原材料和零部件。另外，大型汽车集团采购的原材料和零部件量大面广，其中的直接采购占总采购量的 60%~80%，电子商务采购大大降低了买卖双方的交易费用，且提高了效率。因此，B2B 的模式是我国汽车电子商务最有效、最直接的模式。

2）B2C 模式

企业对消费者的模式基本等同于电子零售商业，由于受消费者观念和能力以及汽车本身产品特性的影响，这一模式最适合汽车配件电子商务。在整车销售方面，由于其营销方式的特殊性，仍有一定的优势，比如它能扩大产品的销售范围，加强和终端客户的联系，满足消费者个性化消费的需求。

3）供应链集成模式

在汽车行业实现电子商务，就是要高效率地管理企业的所有信息，创建一条畅通于供应商、企事业内部、经销商、客户之间的信息流，并将这些环节紧密地联系在一起形成供应链。

汽车制造商与上游供应商通过电子商务平台组成一个高效的上游零部件产品供应链，上游供应商包括原材料供应商、零件供应商和部件供应商。汽车零部件的供应十分复杂，分为好几层。如福特公司，它将大型集成系统、座椅、车轮和制动器列为第一层，第二层是向第一层提供部件的公司，此外还有第三层供应商。福特公司通过它的电子商务采购平台，同各层供应商建立密切的联系。当福特公司通知第一层的供应商需要多少红色、黑色和紫色座椅的时候，属于第二层的皮革供应商也能从网上随时看到福特对各种颜色座椅的需求变化，并开始准备存货，而不必等待座椅制造商告诉它需要什么皮革。

在这一模式中，汽车的销售模式削弱了传统销售渠道的中间环节，汽车生产厂商从传统多级销售体系的身后走出来，或者面对 4S 店或者直接面对消费者。通过完善的同消费者联系，掌握顾客信息，提供符合消费者需求的汽车和服务，形成批量定制。汽车生产商将直接接受消费者网上订货,然后组装汽车,打上自己的品牌,通过完善的第三方物流配送系统直接送到消费者手中,让消费者真正享受到足不出户便可购得所需的体验。

1.2.3 汽车电子商务的发展趋势

随着互联网的普及和人们消费习惯的改变,中国电子商务近年来经历了高速发展的阶段。通过分析认为,中国汽车电子商务的发展趋势有以下几方面。

1)汽车电子商务将是发展趋势

电子商务的发展为汽车企业降低成本、延伸销售、给消费者带来优质产品和服务,它最终将覆盖产业链上的所有环节,涉及汽车零部件生产及经销企业、汽车整车生产及经销企业、

汽车用品生产及经销商、汽车维修企业、汽车金融机构和消费者。可以预计,汽车网络营销将会成为汽车行业未来的主要营销模式。

2)以4S店为线下实体的O2O模式是主流

消费者在决策前需要进行长期的信息收集以考证是否符合需要。此外,汽车对服务的依赖程度较高,没有专业背景的传统电商很难将经销商的利益捆绑到价值链中。鉴于汽车行业的特殊性,以4S店为线下实体的O2O模式,一方面能为消费者提供线上的汽车资讯、交流平台;另一方面,能提供线下的提车、维护、修理等系列售后服务,从而实现线上、线下无缝对接和互补联动。这将是未来一段时间内主流的汽车电子商务模式。

3)多品牌4S店的崛起

汽车电子商务的发展将会给汽车4S店带来革命性的改变。一方面,主机厂承担了主要的网上销售任务,汽车4S店的主要功能将从营销转至服务,而其盈利模式也将从销售转至售后和附加服务;另一方面,随着营销和库存成本的大幅度下降,4S店可能出现多品牌的发展路线,消费者可以在同一4S店内享受不同品牌汽车的服务,同时,4S店也可以享受规模经济带来的收益。

4)多方平台相互配合以服务消费

汽车电子商务不仅仅向消费者提供产品,还要提供资讯和系列配套服务,所以它的实现依赖于多方平台的相互配合。未来的汽车电子商务模式将以制造商官网直销和第三方平台销售为主;网络经销商平台提供价格比较、汽车资讯等服务;4S店提供试驾、提车、维修售后等服务,在网络和实体多边配合下,形成紧密联合的汽车电子商务系统。

本章小结

本章主要内容包括电子商务的基本概念、功能和特点、基本模式,电子商务系统的组成要素、电子商务中应用的网络工具和互联网服务、电子商务安全基础,汽车电子商务涉及的领域、运营模式、发展趋势等内容。

下列的总体概要覆盖了本章的主要学习内容,可以用其对所学内容做简要的回顾,以便归纳、总结和关联相应的知识点。

1. 电子商务的基本概念

介绍了电子商务一词的来源和狭义、广义两个维度上的定义。

2. 电子商务的功能

介绍了电子商务的主要功能(包括广告宣传、咨询洽谈、网上订购、网上支付、电子账户、服务传递、意见征询、交易管理)。

3. 电子商务的特点

介绍了电子商务的主要特点(包括更广阔的环境、更广阔的市场、快速流通和低廉价格)。

4. 电子商务系统的组成要素

介绍了电子商务系统的组成要素(包括网络、用户、认证中心、物流配送、网上银行)。

5. 电子商务中常用的网络工具

主要介绍了上传工具、下载工具、Outlook Express 等。

6. 电子商务中常用的互联网服务

主要介绍了 Web 信息浏览、Web 信息检索、电子邮件、信息发布、文件上传下载等服务。

7. 电子商务安全需求

主要介绍了电子商务安全需求、交易实体身份真实性的需求、信息保密性的需求、信息完整性的需求、交易信息认可的需求、访问控制的需求、信息的有效性需求等。

8. 电子商务安全交易体系

主要介绍了信息加密技术、信息摘要技术、认证技术与数字证书、数字签名技术、数字证书与 CA 认证、防火墙等。

9. 汽车电子商务涉及的领域

主要介绍了新车销售电商、汽车后市场电商、二手车电商的发展情况。

10. 汽车电子商务的运营模式

主要介绍了 B2B 电商模式、B2C 电商模式、供应链集成电商模式在汽车电子商务中的应用和发展。

11. 汽车电子商务的发展趋势

主要介绍了未来汽车电子商务发展的主要趋势(以 4S 店为线下实体的 O2O 模式将是发展主流,多品牌 4S 店将快速崛起,多方平台相互配合以服务未来消费)。

自测题

一、单项选择题(下列各题的备选答案中,只有一个选项是正确的,请把正确答案的序号填写在括号内)

1. 以下不属于汽车电子商务模式的是(　　)。

　　A. B2B　　　　B. 供应链集成　　　　C. 间接交易型电子商务　　　　D. B2C

2. 按照参与交易的主体对象划分,网上配件商店最适合的电商模式是(　　)。

　　A. B2C　　　　B. 企业内部的电子商务　　　　C. C2C　　　　D. B2B

3. 制造商和外部原材料供应商之间的电子商务属于( )。
   A. 企业之间的电子商务　　　　　　　B. 企业与政府部门之间的电子商务
   C. 企业内部的电子商务　　　　　　　D. 企业与消费者之间的电子商务
4. 在进行电子商务时,顾客可以利用实时的( )等网上工具,进行网上咨询洽谈。
   A. E-mail　　　　　　　　　　　　　B. 电报
   C. BBS　　　　　　　　　　　　　　D. 传真

二、判断题(在括号内正确的打"√",错误的打"×")

1. 电子商务仅仅涉及了交易方面,并没有贯穿企业运营的其他环节。　　　　　　(　)
2. 汽车整车、零部件、汽车售后服务都可发展电子商务。　　　　　　　　　　　(　)
3. 美国汽车行业 B2B 的电子商务中心模式主要用于改善汽车生产商和零部件供应商的关系,通过集成供应链的上游企业,达到降低采购成本和提高效率的目的。　　　(　)
4. 电子商务的发展为汽车企业降低成本、延伸销售、给消费者带来优质产品和服务,它最终将覆盖产业链上的所有环节。　　　　　　　　　　　　　　　　　　　(　)
5. B2G 模式是企业与政府管理部门之间的电子商务,如政府采购、海关报税的平台、国税局和地税局报税的平台等。　　　　　　　　　　　　　　　　　　　　　(　)
6. C2B2S 模式是 C2B 模式的进一步延伸,该模式很好地解决了 C2B 模式中客户发布需求产品初期无法聚集庞大的客户群体,致使与邀约的商家交易失败的问题。　　(　)

三、简答题

1. 请简要分析电子商务的功能。
2. 请简述电子商务的基本模式。
3. 请简述我国汽车电子商务的发展趋势。

第2章　汽车营销电子商务

导言

本章主要介绍汽车网络市场调研的基本概念和特点、市场调研的内容、常见的网络市场调研方法；网络营销的特性、网络营销与传统营销的整合、新车电子商务的内涵、发展阶段、主要商业模式、发展趋势；二手车电子商务的发展概况、主要商业模式、发展趋势；汽车保险网络营销的优势、汽车保险网络营销发展的制约因素、汽车保险网络营销的发展策略等。本章的学习内容力求使学生了解汽车营销电子商务的前期工作——市场调研，并掌握目前汽车营销电子商务涉及的两个子领域：新车营销电子商务和二手车营销电子商务。学生掌握汽车营销电子商务在两个子领域的发展概况、主要商业模式和发展趋势，可以为日后工作积累一定的专业基本技能。

学习目标

1.认知目标
(1)了解网络市场调研的基本概念；
(2)理解新车电子商务的发展阶段；
(3)掌握二手车电子商务的主要商业模式。
2.技能目标
(1)熟悉新车电子商务的主要商业模式；
(2)能够正确分析新车电子商务的发展趋势；
(3)能够正确分析二手车电子商务的发展趋势。
3.情感目标
(1)初步养成善于总结的习惯；
(2)营造乐学、善学的学习氛围；
(3)提高语言表达、沟通交流能力。

2.1　汽车网络市场调研

2.1.1　市场调研的基本概念

市场调研是营销链中的重要环节，没有市场调研就无法精准地把握市场。网上调研是企业营销信息系统工作中重要的环节之一,就是利用互联网发掘和了解客户需求、市场机会、竞争对手、行业潮流、分销渠道以及战略合作伙伴等方面的情况。通过调研可以获得竞争对手资料,摸清目标市场和营销环境,为经营者细分网上市场、识别上网顾客需求、确定网上营销目标等提供相对准确的决策依据。

市场调研是指以科学的方法,系统地、有目的地收集、整理、分析和研究所有与市场有关的信息,特别是有关消费者的需求、购买行为和动机等方面的信息,从而把握市场发展状况和发展趋势,有针对性地制订营销策略,取得良好的营销效益。

所谓网络市场调研,是基于互联网系统地进行营销信息的收集、整理、分析和研究。而时下广为流传的网站用户注册和免费服务申请表格填写等做法,是网站发起的用户市场调研的基本手段。

与传统的市场调研一样,进行网络市场调研,主要是要探索以下几个方面的问题:市场可行性研究、分析不同地区的销售机会和潜力、探索影响销售的各种因素、竞争分析、产品研究、包装测试、价格研究、分析特定市场的特征、消费者研究、市场性质变化的动态研究、广告监测、广告效果研究。

网络市场调研可以充分利用 Internet 的开放性、自由性、平等性、广泛性和直接性等特点展开调研工作。它与传统的市场调研存在明显的不同,具体见表2-1。

传统市场调研和网络市场调研对比　　　　　　　　表2-1

项　　目	传统市场调研	网络市场调研
时空限制	有	无
调查费用	昂贵	较低
运作速度	慢(需要较长时间才能得到结论)	很快(可以即刻看到统计结果)
统计准确性	不太准确	准确
及时调整性	不及时	及时
针对性	一般	强
适用性	面对面深度访谈	长期大量样本调查或迅速得出结论的调查
调查范围	受成本控制,调查地区和样本数量均有限	调查地域广泛,样本数量庞大
调查结果可信度	一般	相对真实可信

由表2-1可以总结出网络市场调研的特点如下:

(1)网络信息的及时性和共享性。

网络的传播速度非常快,网络信息能迅速传递给连接上网的任意客户。网上调研是开放的,任何网民都可以参与投票或查看结果,这保证了网络信息的及时和共享。

(2)网络调研的便捷性与低费用。

网上调研可以节省传统调研中消耗的大量的人力和物力。在网络上进行市场调研,仅需要一台连接网络的计算机即可。

(3)网络调研的交互性和充分性。

在网络调研时,被调查者可以及时就问卷相关的问题提出自己更多的看法和建议,可减少因问卷设计不合理而导致的调研结果偏差等问题。

(4)调研结果的可靠性和客观性。

由于网站的访问者一般都对产品有一定的兴趣,所以这种基于顾客或潜在顾客的市场调研结果是客观真实的,它在很大程度上反映了消费者的消费心态和市场发展的趋向。

(5)网络调研无时空、地域限制。

网络市场调研可以24小时全天候进行,这与受区域和时间制约的传统调研方式有很大的不同。

(6)网络调研可检查性和可控制性。

利用Internet进行网上调研信息的收集,可以有效地对采集信息的质量实施系统的检验和控制。

2.1.2 市场调研的内容

市场调研的内容主要有以下三个部分:市场需求容量调研、可控因素调研和不可控制因素调研。

1)市场需求容量调研

市场需求容量调研主要包括:现有和潜在的需求容量;市场最大和最小需求容量;不同商品的需求特点和需求规模;不同市场空间的营销机会以及企业的和竞争对手的现有市场占有率等情况的调查分析。

2)可控因素调研

可控因素调研主要包括对产品、价格、销售渠道和促销方式等因素的调研。

(1)产品调研。包括有关产品性能、特征和顾客对产品的意见和要求的调研;产品寿命周期调研,以了解产品所处的寿命期的阶段;产品的包装、名牌等给顾客的印象的调研,以了解这些形式是否与消费者或用户的习俗相适应。

(2)价格调研。包括产品价格的需求弹性调研;竞争对手价格变化情况调研;新产品价格制定或老产品价格调整所产生的效果调研;选样实施价格优惠策略的时机和实施这一策略的效果调研。

(3)销售渠道调研。包括企业现有产品分销渠道状况;中间商在分销渠道中的作用及各自实力;用户对中间商尤其是代理商、零售商的印象等内容的调研。

(4)促销方式调研。主要是对人员推销、广告宣传、公共关系等促销方式的实施效果进行分析、对比。

3)不可控制因素调研

(1)政治环境调研。包括对企业产品的主要用户所在国家或地区的政府现行政策、法令及政治形势的稳定程度等方面的调研。

(2)经济发展状况调研。主要是调查企业所面对的市场在宏观经济发展中将产生何种变化。

(3)社会文化因素调研。调查一些对市场需求变动产生影响的社会文化因素,如文化程度、职业、宗教信仰及民风、社会道德与审美意识等方面的调研。

（4）技术发展状况与趋势调研。主要是为了解与本企业生产有关的技术水平状况及趋势，同时还应把握社会相同产品生产企业的技术水平的提高情况。

（5）竞争对手调研。主要调查竞争对手数量、竞争对手的市场占有率及变动趋势、竞争对手已经并将要采用的营销策略、潜在竞争对手情况等方面的调研。

2.1.3 常见的网络市场调研方法

利用网络进行市场调查有两种方法：一种方法是直接进行的一手资料调查，即网上直接调查；另一种方法是利用互联网的媒体功能，在互联网上收集二手资料，即网上间接调查。

1) 网络市场直接调研

网络市场直接调研指的是为特定的目的在互联网上收集一手资料或原始信息的过程。直接调研的方法有4种：网上观察法、专题讨论法、在线问卷法和网上实验法。使用最多的是专题讨论法和在线问卷法。

（1）网上观察法。网上观察的实施主要是利用相关软件和人员记录登录网络浏览者的活动。相关软件能够记录登录网络浏览者浏览企业网页时所点击的内容、浏览的时间；在网上喜欢看什么商品网页；看商品时，先点击的是商品的价格、服务、外形，还是其他人对商品的评价；是否有就相关商品和企业进行沟通的愿望等。

（2）专题讨论法。专题讨论法可通过 Usenet 新闻组、电子公告牌（BBS）或邮件列表讨论组进行。其步骤如下：

①确定要调查的目标市场。

②识别目标市场中要加以调查的讨论组。

③确定可以讨论或准备讨论的具体话题。

④登录相应的讨论组，通过过滤系统发现有用的信息，或创建新话题，让大家讨论，从而获得有用的信息。

（3）在线问卷法。在线问卷法即请求浏览其网站的每个人参与企业的各种调查。在线问卷法可以委托专业公司进行。调查问卷的基本结构一般包括三个部分，即标题及标题说明、调查内容（问题）和结束语。

①标题及标题说明是调查者向被调查者写的简短信，主要说明调查的目的、意义、选择方法以及填答说明等，一般放在问卷的开头。

②问卷的调查内容主要包括各类问题，问题的回答方式及其指导语。这是调查问卷的主体，也是问卷设计的主要内容。问卷中的问答题，从形式上看，可分为开放式、封闭式和混合型三大类。封闭式问答题则既提问题，又给若干答案，被调查者只需在选中的答案中打"√"即可。开放式问答题只提问题，不给具体答案，要求被调查者根据自己的实际情况自由作答。混合型问答题，又称半封闭型问答题，是在采用封闭型问答题的同时，最后再附上一项开放式问题。至于指导语，也就是填答说明，用来指导被调查者填答问题的各种解释和说明。

③结束语一般放在问卷的最后面,对被调查者表示感谢,也可征询一下被调查者对问卷设计和问卷调查本身的看法和感受。在线问卷发布的主要途径有三种:第一种是将问卷放置在自己网站上,等待访问者访问时填写。第二种是通过 E-mail 方式将问卷发送给被调查者,被调查者完成后将结果再通过 E-mail 将问卷返回。第三种是在相应的讨论组中发布问卷信息或调查题目。

(4)网上实验法。网上实验法可以通过在网络中所投放的广告内容与形式进行实验。设计几种不同的广告内容和形式在网页或者新闻组上发布,也可以利用 E-mail 传递广告。广告的效果可以通过服务器端的访问统计软件随时监测,也可以利用查看客户的反馈信息量的大小来判断,还可借助专门的广告评估机构来评定。

2) 网络市场间接调研

网络市场间接调研指的是网上二手资料的收集。二手资料的来源有很多,如公共图书馆、大学图书馆、贸易协会、市场调查公司、广告代理公司、专业团体、企业情报室等。另外还有众多综合型 ICP(互联网内容提供商)、专业型 ICP,以及成千上万个搜索引擎网站。众多渠道使得互联网上二手资料的收集非常方便。互联网上虽有海量的二手资料,但要找到自己需要的信息,还需要下一番功夫。首先,必须熟悉搜索引擎的使用;其次,要掌握专题型网络信息资源的分布。网上查找资料主要通过三种方法:利用搜索引擎;访问相关的网站(如各种专题性或综合性网站);利用相关的网上数据库。

(1)利用搜索引擎查找资料。提供一个搜索入口,根据搜索者提供的关键词,反馈出的搜索结果是与关键词相关的商机信息,比如供求信息、产品信息、企业信息以及行业动态信息,并且给予搜索者一定的信息分拣引导,以最终达到满足搜索者的实际需求。

(2)访问相关网站收集资料。如果知道某一专题的信息主要集中在某些网站,则可直接访问这些网站,获得所需的资料。

(3)利用网上数据库查找资料。网上数据库有付费和免费两种。在国外,市场调查用的数据库一般都是付费的。

2.2 网络营销概述

网络营销是指通过互联网信息技术及网络应用等网络手段进行产品营销。近几年买方市场企业间的竞争愈发激烈。传统营销已经发展到瓶颈期,企业采用的传统营销手段千篇一律,单独通过它们在市场竞争中占据有利地位已经十分艰难。而网上营销处于起步阶段,理论基础和实践经验还十分贫乏,还有很大的改善的余地和拓展的空间。市场营销理论的发展是社会的变化和经济的进步为基础的。生产方式和消费方式的改变迫使市场营销理论要不断发展和创新。这个发展过程可总结为生产观念、产品观念、推销观念、市场营销观念和社会营销观念五个阶段。

电子商务的快速发展使得企业经营模式发生了天翻地覆的变化,也给传统商务带来了前所未有的冲击。电子商务通过互联网平台进行交易,交易平台和交易过程都在虚拟状态下实现。虚拟渠道减少了很多传统商务需要的交易环节,信息的快速流通、流通和交易费用的降低大大减少了交易成本。多种多样的交易方式为消费者带来了更多的新鲜感。在电子商务环境下传统营销手段已无法满足消费者需求,更无法满足企业未来生存发展的需要,因此为了更好地适应电子商务营销环境,网络营销应运而生。

1999年电子商务从传统零售商中占有的生意约为112亿美元,而目前为止网上销售已从传统销售市场抢夺了94%的业务量。许多企业纷纷加入网络营销的队伍。网络营销使产品和价格信息更加透明,消费者获得信息的途径也十分便利。通过网络搜索,实施网络营销的企业也可快速知道所有相关产品供应商的信息。甚至还有一些比价网站自动生成价格目录和比价结果,供企业快速选择。未实施网络营销的企业无法以最低价格采购商品,压低生产成本,制约了自身竞争力的提升。

2.2.1 网络营销的组成

网络营销以互联网为核心平台,同时可以整合传统销售渠道(如电视、报纸等),将线下客户带到线上进一步了解信息。除具备低成本、高效率的优势以外,网络营销还具有传统媒体不具备的全方位营销能力,可以涵盖从前期信息收集、市场调研到后期的品牌宣传、产品销售、服务推广等,包括需求收集、细分市场挖掘、企业展示、产品促销、品牌宣传、活动推广、项目招商、企业公关等。网络营销主要由以下几个部分构成:

1)网络整合营销

相比传统营销理论,网络整合营销的出发点是获取顾客需求,并将顾客需求作为企业决策的依据。网络整合营销强调企业和顾客之间的相互沟通,并在沟通的基础上最大化企业利益。

2)网络直接营销

网络直接营销充分借助互联网的特点,强调顾客与企业之间的直接沟通,通过直接沟通保持与客户的联系,维护企业与顾客之间的关系。这样可以更加精准地掌握顾客需求,了解满足顾客需求的程度,以便企业根据情况做出改变。

3)网络自媒体

网络自媒体改变了传统的信息传播方式,由企业自己说,变成顾客主动说,利用自媒体的传播方式和传播属性,通过消费者的口吻,将产品的核心利益传播出去。由于该模式具备社交属性,借助其传播特点,可实现信息的快速扩散和传播。

4)网络关系营销

随着互联网的发展和技术的成熟,微博、QQ、微信、APP、电子商务平台等传播工具或平台已经被大众广为使用,这使得企业和顾客可以直接沟通,直接建立关系。与传统的营销方式相比,网络关系营销传播成本和交易成本大大降低,且可缩短产品的生产周期,为企业带来了巨大的商业机会。

5)O2O模式

O2O是Online to Offline的简写,是指将线上线下资源有效结合起来,以提供给消费者更好的服务。通过该模式,线下交易前台可以交给互联网来做,可以通过线上平台揽客,然后到线下完成后续服务体验,还可以在线支付费用,使得交易更加便携。该模式的优势在于可把线上的流量带到线下,然后通过线下的服务完成闭环。

2.2.2　网络营销的特性

1）网络营销的优势

（1）降低成本，节省开支。

由于互联网的开放性，任何规模类型的企业都可在网络中进行适合自身发展的网络营销方式。拥有品牌网站的汽车企业将产品规格、特征、企业情况等信息存储在网络中，消费者可随时在网站进行查询。网上信息的公开将节省企业宣传材料的包装、打印、发放及人工操作等成本，并且扩大了宣传范围，提高了宣传效果。企业传统营销要通过电视、海报、报纸等媒介进行广告宣传，投入费用较高。网络广告的成本投入比起传统营销降低很多，使企业的网络营销成本大幅度减少。企业建立自己的网站，拥有网站的全部使用权。通过自己的网站进行营销宣传比使用传统媒介营销可大幅度节省店面租金、人工成本、水电费用等支出。

（2）突破空间，及时传送。

网络营销突破了空间与时间的限制。企业通过网络媒介可直接与消费者完成交易，降低了时间成本。跨越时间和空间约束的营销活动使企业和产品在消费者身边的曝光率大大提高，更能与消费者快速达成交易。在网络中跨国交易可在几分钟内便完成，这更能体现网络销售突破空间的特点。网络信息传输的便捷性也使得企业营销信息可随时更新发布。而与此同时，消费者利用网络可快速全面查看企业相关信息，搜寻产品信息。在交易之前或者完成之后，还可通过电子邮件、在线客服等方式将问题或者信息及时、直接地反馈给企业。

（3）双向交流，互动营销

网络营销可将生产和消费相互交融。网络营销环境下，生产对于消费者不再是不可控的过程，消费者可根据自己的需求全过程定制自己所需的产品。而消费也不再是消费者的盲目挑选。行业内的各种信息全透明呈现在消费者面前，充足丰富的信息让消费更精准。企业可以图像、flash 动画、音频、视频等方式在网络上全方位地发布最新的产品和服务的相关信息，有效帮助消费者全面深入了解企业和产品。而消费者在任何时间、任何地点都可查看企业相关产品和服务的信息，并提出购买意向，最终达成交易。而且网络营销可使企业与消费者间的沟通交流贯穿于了解商品、购买商品、交易结束之后等整个交易环节之中，有助于企业与消费者之间建立长期良好的合作关系。互联网是一种无形的载体，零门槛、零限制，时间和空间的约束都不存在。因此任何企业都可进行网络营销，而任何消费者都可通过网络挑选购买自己心仪的产品。消费者在网络中可随时查找到购买产品的详细信息，例如技术指标、使用方法、保修年限、售后服务等。与此同时，企业也可及时了解消费者的需求导向、需求内容，根据用户需求改进企业发展策略，改善产品质量。

（4）细分市场，定制化服务。

定制化的具体意义就在于根据消费者的具体需求，一对一地进行服务或商品的设计。而借助网络脱离时间与空间限制的特点，企业更易单独了解消费者的需求，完成定制化服务。网络营销不仅能够面向所有消费者，而且能够更加方便地实现针对不同消费者提供一对一营销服务,达到彻底细分市场的效果。消费者挑选商品过程也变得简便、多样化。任何想法、任何需求的消费者都可通过网络搜索找到想要的商品。一对一的个性化定制也可在网络环境下轻易实现。消费者可直接向生产厂商提出自己的商品要求,与厂商协商,打造出单独属于自己的商品。由此,市场细分达到了彻底化。用户的个人偏好与消费习惯可通过网络传输到企业客户管理数据库中,建立企业自己的客户管理系统,实时跟踪客户的消费动向,进行一对一的网络营销。网络营销成了一种理性的、主动性的、消费者主导的、循序渐进的人性化促销手段。这有效降低了传统推销给消费者带来的反感。

2) 网络营销的不足

虽然我国现阶段的汽车网络营销也逐渐开始发展起来,但是其中依然存在着较多的问题。具体来说,现阶段我国汽车网络营销所存在的不足主要体现在以下几个方面:

(1) 法律法规体系不完善。

汽车网络营销所涉及的内容相对较为复杂,因此,必须要以完善的法律法规体系为基础才能实现有效快速发展。从总体上来说,现阶段我国关于汽车网络销售的法律法规建设依然处于起步阶段,还存在许多需要进一步完善的地方。

(2) 销售体系不完善。

汽车网络销售与其他商品的电子商务发展存在着较大的差距。从总体上来看,现阶段我国的汽车网络销售依然在使用其他商品的网络销售模式,整体销售体系还存在着较大的不完整性。

(3) 从业人员素质相对较低。

汽车网络销售要求销售人员不仅需要对汽车技术以及销售技术具有充分的了解,同时还需要具备较高的信息技术能力。从总体上来看,现阶段我国大部分汽车企业所安排的网络销售人员都无法有效解答客户的问题,从而导致网络销售不畅。

2.2.3 网络营销与传统营销的整合

网络营销在使传统营销面对前所未有的挑战的同时,也为大部分企业的发展带来了巨大的转机。网络营销与传统营销都以满足消费者需求为最终目的,但既有相同点又有不同点,既有差异又有联系。从理论层面来看,网络营销是传统营销结合互联网技术和电子商务平台而产生的。从实际层面来看,无论是网络营销还是传统营销都是企业吸引消费者、促销产品的手段。线上线下的完美配合才能达到全方位的营销效果。因此,成功地将网络营销与传统营销相融合有助于公司在市场竞争中立于不败之地。

1) 消费群的互补

电子商务市场所覆盖的消费者数量受到诸多因素的限制,例如消费者收入水平的差距、受教育程度的高低及网络技术高低等。这使得市场中还有一大部分消费者无法使用电子商务。据 CNNIC(中国互联网络信息中心)统计,目前,我国网民超过 5 亿,约占全民总数的 40%;网购用户近 2 亿,约占网民总数的 20%。互联网在国内还没有得到完全的普及,而且很多高龄消费者不习惯使用互联网,对于网络购物也是十分陌生的。对于这部分人群,传统营销仍然是较为有效的。

2）购买方式的互补

网络为消费者提供了一种新型的购买方式，也为消费者和企业提供了一种新的关系模式。但是每一个顾客都是独立的个体，拥有各自的特点、习惯和偏好。网上购物的青睐者大多为年轻白领、学生，他们更愿意通过网络与商家一对一沟通，并快速购买商品。而高龄消费者更容易接受在商场或超市中的传统购物方式。因此，传统营销与网络营销的结合将满足不同消费者购买方式的偏好。

3）营销渠道互补

网络营销终归是虚拟的模式，最终配送还要回归到线下实体，因此网络营销的物流配送仍然需要回归线下来进行。依托 B2B 电子商务模式，企业与最终零售商无缝隙连接，及时了解市场销售、商品流向等消息，及时纠正市场策略，有效降低企业库存，提高企业生产效率。传统分销渠道对于商品销售信息也可时时关注，了解商品最新动态，改变销售策略。与此同时销售商还可通过 B2C 电子商务模式进行线上销售，线下配送，有效结合两种渠道的优势。

4）传统市场调研与网上调研相结合

公司制定的一切策略和决策都应以客观市场调查为基础。准确全面的市场调查有利于企业找准新时机，拓展新市场，有效应对市场的瞬息万变，调整策略，找准定位，留住消费者。市场调研的准确性和全面性直接影响着企业对市场态势准确及时的掌握。网上调研和传统市场调研所具有的特点各异，企业在市场调研时应依据产品的特点选择适合的调研方法。

5）媒体互补

电子商务平台仍然是新型的交易媒介，消费者对其的熟知度仍有待加强。传统媒体与电子商务拥有着不同年龄比例的受众群，不同的宣传角度、不同的载体更拥有不同的优劣势。充分结合传统媒体与网络的优势，扩大企业知名度的同时，也增加了消费者对电子商务的关注度。消费者对网络购物的信任度一直是电子商务的发展瓶颈。通过传统媒体进行宣传，同时提供与之配套的丰富翔实、生动活泼的信息，能吸引更多消费者。

2.2.4 我国汽车网络营销发展策略

现阶段我国汽车网络销售的发展既存在一定的优势，也存在着一定的不足，这就要求汽车企业在进行网络汽车销售时必须要采取合适的措施。

1）加强我国汽车网络营销体系的建设

现阶段必须要根据我国汽车销售的基本状况建立正确的汽车网络营销体系。虽然现阶段国外已经建立了一系列较为完备的汽车网络营销体系，但是由于消费者消费理念与消费习惯的差异，这些营销体系在我国一般都无法得到广泛的应用，也没有取得较好的效果。因此，现阶段在借鉴国外模式的同时，必须要进一步加强先进理念与先进技术的学习，而不仅是照搬国外的发展模式。现阶段我国汽车销售明显分为两种不同的形式，即商用车模式与乘用车模式，同时不同汽车的消费群体也已经基本成型。因此，在建立汽车网络销售体系时可以从这两个消费群体出发，建立具有一定针对性的汽车网络营销体系，实现汽车销售网络的细分，实现精准营销。

2)加强汽车网络营销法律法规的制订

只有建立完备的汽车网络营销法律法规才能促进汽车网络销售的进一步发展,并进一步完善汽车网络营销的市场氛围。《中华人民共和国电子签名法》是我国第一部电子商务的相关法律。这部法律在社会中的推广,促进了我国电子商务的快速发展,对于现阶段我国汽车网络营销的发展具有较强的启示作用。从总体上来看,现阶段我国电子商务依然存在着大量的欺诈、售假现象,汽车网络销售缺乏一种更加安全的市场环境,也影响了汽车网络销售的进一步发展。基于此种情况,现阶段国家需要大力完善相关法律法规建设,完善汽车网络营销准入制度、网络交易认证制度以及一系列制度,并采取一系列措施实现汽车网络营销市场环境的完善。

3)加强汽车网络营销服务体系建设

汽车属于一种对于后期维护具有较高要求的商品。从现阶段消费者的信息反馈来看,大部分消费者对于汽车的售后服务都并不是非常满意。这在某种程度上进一步提升了汽车网络销售的难度。基于此种情况,当前阶段必须要进一步强化汽车网络营销服务体系建设。具体来说主要需要从以下几个方面入手:

(1)延长汽车售后服务的期限。由于汽车属于长期消耗品,许多问题可能在短时间内并不会发生,而现阶段针对汽车售后服务的时间都相对较短,无法满足消费者的实际需求。基于此种情况,当前阶段必须要延长汽车售后服务期限。

(2)依托4S店完善汽车服务网点,为消费者提供更加便捷的汽车售后服务。

(3)建立网络售后服务体系。网络技术在售后服务中的应用可以进一步提升汽车售后服务效率,例如消费者可以通过网络发起售后申请。

总之,电子商务的快速发展使得汽车企业不得不开始探索网络营销这种新的汽车销售模式,但是我国现阶段汽车网络销售在多个方面依然存在着较大的不完善性,从而限制了汽车网络销售的进一步发展。以上汽车网络营销的发展策略旨在促进我国汽车网络营销的进一步发展。

2.3 新车电子商务

近年来,我国汽车销量持续增长。据中国汽车工业协会报告:2017年,中国汽车产量为2901.54万辆,同比增长3.19%。其中,乘用车产量为2480.67万辆,同比增长1.58%;商用车产量为420.87万辆,同比增长13.81%。2017年,中国汽车销量2887.89万辆,同比增长3.04%。根据国外汽车发展规律以及国内市场的发展情况,很多机构预测,未来几年居民购车需求仍未饱和,购车需求旺盛,新车市场仍有较大发展空间。

2017年4月14日,商务部网站上登出2017年第1号令《汽车销售管理办法》(以下简称新《办法》),于2017年7月1日起施行。这标志着2005年出台的《汽车品牌销售管理实施办法》将退出历史舞台,汽车流通业将进入一个新时代。

新《办法》实现的重要突破主要体现在以下4个方面:第一,从根本上打破汽车销售品牌授权单一体制,销售汽车将不再必须得到汽车品牌授权;第二,标志着汽车流通体系真正进入社会化发展阶段,国家鼓励发展共享型、节约型、社会化的汽车销售与售后服务网络;第三,有助于更好地发挥汽车消费的顶梁柱作用,使汽车消费成为激活汽车市场活力的一把钥匙;第四,有利于促进汽车流通全链条协同发展。

新政实施后,销售汽车不再必须获得品牌授权,汽车超市、汽车卖场、汽车电子商务等新渠道将成为新的汽车销售形式。消费者除在厂家授权的4S店内能买到汽车外,有了更多的购车途径。

2.3.1 新车电子商务的内涵和发展阶段

1) 新车电子商务的内涵

随着互联网与实体经济的深度融合,电子商务与非电子商务模式的区别已经越来越小。新零售时代的到来除了将加速线上线下的融合外,也将加速渠道多样化,提升厂商售车效率和消费者的购车效率,最终实现消费升级。

随着互联网技术应用的不断深入,电子商务已不再是指狭义的电子商务,即交易双方不谋面进行的线上交易,而是指广义电子商务,即只要对传统行业原有的信息流、交易流和物流中的其中一项进行互联网化,即可被称为电子商务。

新车电子商务是指企业搭建的新车线上销售平台,其将互联网技术与线下4S店和物流体系相融合,为消费者提供新车购买服务。一般来说,线上电商平台主要承担信息展示、营销、集客、导流、交易、物流等与汽车销售相关的所有或部分功能,消费者通过线上销售平台完成资讯、下单等订购流程后,可在相应线下4S店支付尾款、提车或要求物流送车上门。

2) 新车电子商务的发展阶段

根据易观智库的AMC(应用成熟度曲线)模型,目前我国的新车电子商务市场已进入高速发展期。AMC模型是以时间为参考系,从市场价值等多个维度对产业发展成熟度及产业发展阶段进行分析的模型。针对新车电子商务市场的AMC模型,将新车电子商务发展分为4个阶段:探索期、市场启动期、高速发展期和应用成熟期。

(1) 探索期(2010—2012年)。

2010年9月,奔驰在天猫聚划算平台上开展的"Smart 秒杀"团购活动,是汽车团购这一形式的初步体现。从2011年开始,陆续有汽车厂商以旗舰店形式入驻各大电商平台。在之后的一段时期内,整车线上销售多以促销活动方式开展。

(2) 市场启动期(2013—2017年)。

2013年下半年的天猫洗车节和汽车网站的"双十一"购车节引爆汽车电商概念。2014年,汽车电商领域有更多的参与者进入,市场在积极探索更多的模式。2015年和2016年是新车电商平台纷纷试水和转型的两年。这两年里,众多新车电商企业纷纷表现出较强的发展势头,且商业模式各有特色。

(3) 高速发展期(2018—2020年)。

在该阶段,消费者会逐渐养成网上购车的习惯,整车线上销售渠道的竞争格局将逐渐清晰,少数平台会瓜分巨大的新车电子商务市场。

(4) 应用成熟期(2020年以后)。

在该阶段,传统销售渠道将基本被淘汰,消费者购车以线上渠道为主,线下成为展示体验和服务中心。

2.3.2 新车电子商务的主要商业模式

新车电子商务平台可分为综合电商型、垂直网站型、车企和经销商自建型、初创型四类，而这四类新车电子商务平台各有特色。

1）综合电商型

综合电商型新车电商平台是开放性的新车线上销售平台，可接受不同形式的汽车销售主体入驻，包括主机厂、授权经销商、二级经销商或者其他类型的汽车电商。这类平台不参与整车销售的交易流程，仅提供信息、数据、金融等方面的服务支持，帮助企业完成整车销售。典型企业有天猫、京东、苏宁、国美等。

综合电商平台在新车电商领域的定位是成为一个用户聚集平台，凭借巨大的用户流量优势为其他新车相关企业（包括车企、经销商集团以及其他类型的新车电商）提供丰富的用户流量资源。天猫、京东这类平台仅提供线上的车型展示和营销集客的平台服务，由企业自主运营各自的旗舰店，并且不参与任何线下交易环节，也不会直接为4S店进行导流。它们布局新车电商业务并不局限于新车销售这一环节，在汽车金融、汽车后市场方面也有所布局，刺激消费，带来了更大的发展空间。

2）垂直网站型

垂直网站型新车电商平台是以获取销售线索为导向的在线平台，通过PC端网站、移动端APP、微信或社交媒体等方式来获取更高精准度的潜在消费者，并将其导流至线下4S店进行后续的看车和交易。这类平台较汽车垂直网站传统导流方式而言，线索更精准，转化率更高，且根据成交结果收费。典型企业有易车网、汽车之家等。

垂直网站型电商在新车电商领域布局主要以导流型商业模式为主，为车企或经销商提供精准的销售线索，并导流潜在购车消费者。一方面，导流型新车电商平台通过互联网途径（包括PC端、APP端、微信公众号等）来获取有明确购车意向的人群，为其提供车型展示、比价询价、订金支付等服务。另一方面，平台与线下的4S店建立合作关系，能够为4S店销售人员提供大量潜在客户的相关信息，销售人员可以通过在线咨询服务或电话等方式报价并争取消费者到店交易。这类平台的收入主要来自交易分成，即对于消费者通过平台完成预约并最终实现成交的订单，平台能够从该订单中获得一定比例的佣金。

3）车企和经销商自建型

车企和经销商自建型新车电商平台是指由车企或经销商集团自建的整车在线交易的电商平台。这类平台由厂商独立运营，获取流量并树立品牌，最终实现线上平台与线下自有实体资源的有效联动。但该平台在车源方面仅提供旗下自有品牌车型，车源品牌丰富化程度较低。典型企业有上汽集团、长城汽车、东风汽车等。

由车企主导的自建型新车电商平台主要通过线上渠道实现自有品牌汽车的销售，通过自有电商平台打通与线下经销网络之间的连接。由经销商集团主导的自建型新车电商平台的运营方式与车企类似，但经销商集团下的经销网络拥有不同的汽车品牌，相比车企而言，经销商集团的自建电商平台能够为消费者提供更加丰富全面的汽车品牌，促进需求端和供给端的匹配效率不断趋于最大化。

目前，汽车新零售正迎来变革，新车电商平台也多有转型创新，但对比之下，大部分车企和经销商自建电商平台则有被边缘化的趋势。未来，厂商自建型新车电商将重点形成线上线下相联动的效应，形成完整的O2O闭环，同时，应加强打通二手车、后市场等多场景全平台的服务模式，打通平台信息共享，为用户提供一站式的完整购车服务。

4) 初创型

初创型企业电商平台又可分为团购型新车电商平台和自营门店型新车电商平台。团购型新车电商平台是利用在线平台聚集对某品牌某款车型具有购买意向的消费者群体，当消费者人数达到一定数目后，由平台的专业人员组织定时定点到店看车并议价。这类平台通过消费者人数形成的购买量大的优势来提高议价能力。典型企业有团车网。自营门店型新车电商平台是线上平台运营的同时在线下布局自营的实体店，为线上客户提供看车、提车和咨询等服务，真正实现整车交易的O2O闭环。这类平台摆脱了对传统线下4S店的依赖，能够最大限度地保留自有客户资源，为后续业务的开发提供了流量基础，但由于模式偏重，资金压力大。典型企业有一猫汽车网、神州买买车。

初创型新车电商平台是最活跃的一个群体，商业模式更加多样化，但在近两年也逐渐呈现两个趋势：一是顺应汽车消费潜力来到三四线城市的大势，将阵地转移到三、四、五线城市。二是更加强调做第三方赋能平台，对汽车销售的各个链条进行整合，且瞄准了汽车业全产业链，不仅强调销售新车，还引入二手车置换、汽车金融保险、维修养护、延保业务等，以实现更加优化的销售模式。

2.3.3　新车电子商务市场的发展趋势

1) 年轻消费群体崛起推动创新发展

汽车价格不断下降，而消费者的收入和消费水平不断提高，消费者网购商品的金额总体呈现高单价转变趋势。由于新车的产品标准化程度很高，网购汽车的便捷性已经逐渐被年轻消费者所接受，这将会促进新车电商行业更加快速地发展和完善。

目前，以90后为主体的年轻消费群体已经崛起，他们对互联网的熟悉度和认可度更高，会对新车电商不断提出新的需求，并会不断促进新车电商的业务创新和模式创新。比如，对汽车金融的需求会更强烈，对个性化追求更加执着，在自我表达意识上具有更加强烈的渴望。因此，通过互联网平台与大数据了解年轻消费群体的消费习惯非常重要，挖掘年轻消费者的新需求将是新车电商的必修课。

2) 定制化、差异化运营的道路适合新车电商

尽管新的《汽车销售管理办法》已经出台，但在以4S店为代表的传统渠道依然占主体地位，车企为了保护固有经销商渠道，依然不敢直接给予新车电商车源。在此背景下，新车电商就需要走定制化、差异化运营的道路。

在重点发展区域方面，由于4S店在一、二线城市的布局已经形成了较为密集的网络，但在三、四线城市还有很大消费潜力亟待挖掘，因此新车电商可着重满足这些地区消费者或车商的需求。

3）汽车金融将发挥更加重要的作用

目前,重金布局汽车金融,以融资租赁等方式带动汽车销售和切入交易流的新车电商参与者们开始涌现,无论是线上还是线下的创新渠道也都在以汽车金融为杠杆来撬动新车销售。

未来,新车电商接入汽车金融将发挥更为重要的作用,"先享用后买车"的全新汽车消费模式将大大降低消费者的购车门槛,"以租代售""融资租赁"在汽车金融的支撑下将帮助新车电商吸引更多的年轻消费者,也将促进新车销量,并带动二手车业务的发展。

4）大数据全产业链融合发展

大数据技术在新车电商领域的应用将在未来更加深入。随着互联网技术的不断升级,新车电商平台可对消费者浏览内容进行记录分析,并实时推送更加适合消费者的内容,更好地满足消费者的需求,进而提高消费者购车的成交率。此外,大数据技术也将带动新车电商全产业链的融合发展。未来,一些新车电商企业可能将不只在新车销售方面发力,而是在二手车、汽车金融、汽车保险等方面全面布局,形成联动作用,最终建立围绕汽车生活的生态圈,从消费者的大数据消费行为出发,为其提供更加丰富的服务。

总而言之,新车销售电子商务渠道最开始处于营销信息发布为主的导流阶段,即通过线上发布促销活动吸引消费者引流到线下享受优惠打折,未涉及支付行为,目前仍处于"营销、导购、交易"的阶段,未达到常态化电商阶段。一部分电子商务平台处于线上辅助交易阶段,即通过支付定金等一口价的方式在线上预订、抢购新车,主要作用仍是线下引流作用,并未完全参与购车流程。一部分电子商务平台正在进入平台直接购车阶段,即专业的新车售卖平台,提供预订和全款支付购车,平台可直接交付新车或全程参与用户购车流程。但是,汽车行业的电子商务的终极目标是汽车电子商务生态圈,即建立完整、成熟的生态产业圈,拥有强大的线上线下资源整合、利用能力,为用户提供一站式的选、购、养、用、卖等服务解决方案。比如一猫汽车网,从新车用户需求入手,构建集合信息、导购、商城和线下店的一站式O2O模式,为我国新车电商开创了一条可行之道。线上业务的发展将基于线下服务的提升。汽车交易及用车服务的实体经济特征决定了汽车电商行业无法脱离线下服务,在未来价格战导致价格逼近成本线时,服务将成为用户决策的首选因素,而线下服务是汽车服务的核心,未来线上业务的发展将取决于线下服务的优劣。所以,以线下资源为主导的新车销售电子商务平台具有更加明显的优势,厂商及经销商等多种类型线上商城建设越来越完善、专业,同时线上线下紧密结合,线上导购提升价格透明度,线下完善用户购车及售后服务,线上线下协作服务的常态化电商交易是行业发展最终形态。新车电商的最终目的是售车,各电商平台根据自身优势服务于行业各个环节,提升行业效率,同时真正的汽车电商应该朝常态化新车电商服务方向发展。

2.4 二手车电子商务

2.4.1 二手车电子商务的发展概况

中国汽车流通协会统计数据显示,2017年二手车交易量达到1240.9万辆,同比增长了

19.4%,创下了2011年以来的最高同比增速。在政策法规和交易体系不断完善之下,中国二手车交易市场开始进入高速增长的阶段。

根据Analysys易观的统计,2017年二手车电商各类型平台的总交易量为218.4万辆,同比增长51.2%,二手车电商渗透率达到了17.61%,渗透率相比2016年提升了3.72%。

2017年二手车市场整体增速创新高,同时电商平台前期的各项投入使得流量的转化率大幅提升,促使2017年二手车电商交易量的高速增长。Analysys易观分析预测,二手车电商平台交易量未来几年将保持高速增长,到2020年有望超过600万辆。

2.4.2　二手车电子商务的主要商业模式

1)B2B电商模式

B2B电商模式是一种车商间的交易,某地车商会根据本地市场需求,向其他地区采购二手车,电商在其中起到车源收集和匹配的作用,还可以为车商提供检测报告。B2B电商持续强调与传统二手车车商的鱼水关系,为市场供需对接,提高车商交易效率,并从简单的交易平台衍生出金融业务,拓展了盈利渠道。这种交易通常以批发拍卖模式达成,优信拍、车易拍等都采用这种模式。

B2B电商模式由于车源相对集中,交易效率高,在to B模式的交易量中占据主要份额。

典型企业优信拍在2016年下半年B2B模式成交量中,以70%市场份额领先。截至目前,优信拍业务覆盖365个城市,在全国7个核心城市建设30余万平方米的全国交易中心,辐射10万家车商。优信拍在每处交易现场都提供包括车辆预展区、交易大厅、现场支付、手续过户、集中交付在内的一站式、信息化的二手车交易服务,满足车商大容量、高效率的需求。

2)C2B电商模式

C2B电商模式是指车主个人把车放到平台上去拍卖给车商。这种模式类似车主到交易市场去卖车,不同的是车主把车放在线上拍卖,可以省去到交易市场询价的环节,车商作为专业从业人员,拍出的价格基本上能反映车辆当前的市面价值,车主不用担心被恶意压价,同时这种模式也能保证车辆快速成交。这种模式中出现的企业并购现象值得关注。采用这种模式的企业有车来车往集团的开新二手车帮卖、天天拍车、车置宝等。

典型企业天天拍车成立于2014年,通过平台优势连接C端个人卖家和B端经销商,以线上+线下的方式为平台双方提供免费上门检测、无线竞拍、上门成交、手续过户等一站式二手车交易服务。截至目前,天天拍车已在包括上海、北京、广州、深圳、成都、重庆等在内的20多个城市开设了线下交易服务中心。

3)B2C电商模式

B2C电商模式是二手车车商与线下经销商达成合作协议后,对车辆进行检测,然后放到网上向消费者出售的交易模式。这种模式是占据电商市场to C交易量的主要组成部分,一些企业正在探索加盟连锁、输出认证标准和管理标准。采用这种模式的企业有第一车网、优信二手车、车猫网等。

车猫网成立于2012年,为用户提供二手车认证、质保、交易、金融以及汽车后市场等服务,2014年独创车猫1058项全面检测,2015年通过"认证+帮买"业务模式,2016年创立车猫合伙人制,快速拓展线下认证服务网点,针对二手车经销商的业务需求,输出认证品牌、认证体系、线上+线下运营体系以及售后增值产品体系,帮助平台合伙人建立品牌,提高业务效能。目前车猫认证二手车品牌连锁线下网点已经覆盖了杭州、宁波、苏州、厦门等全国70多个城市的百余家门店。

4)C2C 电商模式

C2C 电商模式即所谓的消除中间环节,个人直接把车卖给个人,没有中间商赚差价。这种交易模式最重要的特点是个人对个人。目前主流 C2C 模式的电商企业基本上充当了二手车经纪公司的角色,帮卖家免费检测车辆,并将车况和卖家意向车价发布到平台上,等待买家咨询看车。交易中,业务员会带买家看车,撮合买卖双方达成交易,并帮助双方完成车辆过户。交易达成后,平台会向买家收取服务费。采用这种模式的企业有瓜子二手车直卖网、人人车等。

典型企业人人车成立于2014年,拥有专业的二手车评估师团队,通过车辆上网展示前的初检和交易过程中的复检,总共249项专业检测,杜绝在平台上出现非个人车、重大事故车、水淹车、火烧车。

2.4.3 二手车电子商务的发展趋势

(1)解限政策引领跨区域流通成为主流趋势。

随着解限政策实施效果逐步显现,政府、电商平台和线下从业人员等多方面的推动,二手车跨区域高效流通是大势所趋,跨区域交易量将会出现大规模增长,消费者可选购车源有望大幅增加,从而进一步刺激二手车市场快速发展。

2017年7月1日开始实施《汽车销售管理办法》。该办法的颁布对整个汽车市场,尤其是三、四线城市的汽车消费产生了巨大的影响,不少电商平台积极布局三、四线城市,助力二手车市场潜力进一步释放。

(2)模式差异推动行业回归商业本质。

2016年以来,二手车电商模式之争逐渐归于平静,各平台更加关注用户服务能力和内部运营能力,将实现营收作为企业发展的重要任务。二手车电商行业商业本质开始回归,平台未来竞争点将会着重提高各方面资源和能力,积累用户、线下、资金、品牌知名度等多方面的资源,不断增强企业内部运营能力,提升用户满意度,提高平台的综合竞争力。

(3)人工智能推动行业检测评估体系不断完善。

2016年,人工智能、大数据等技术在二手车检测、估价等领域的应用受到行业高度重视,各平台在积累了大量车况数据的基础上,借助人工智能、大数据等技术不断提高检测技术,完善二手车认证评估体系。

人工智能、大数据等技术能够在一定程度上改善二手车行业诚信缺失、车况不透明等现状,提高消费者信任度。随着消费者认可度的提高,在中国巨大的汽车保有量背景下,二手车市场存在巨大的发展空间。

(4)金融服务、售后延保助力用户体验提升。

二手车作为非标产品,一直被传统汽车金融企业所忽视。2016年以来,众多二手车电商平台纷纷布局金融、售后延保等服务,不断完善服务项目,提升用户购车体验。目前,我国二手车金融渗透率为5%,而我国新车的金融渗透率为30%,发达国家的二手车金融渗透率高于新车金融渗透率。

二手车电商在车辆检测、认证、评估等方面的基础使其发展二手车金融业务具有天然优势。消费者对二手车行业的认可度提高,能够带动交易规模的增长,由此将产生更多的金融服务需求。二手车电商平台布局金融和售后延保等服务,能够有效提升用户的购车体验,增加企业的赢利来源。

2.4.4 二手车网上交易流程

作为全球第二大汽车保有市场,2017年我国汽车保有量达2.17亿辆,汽车保有量的持续稳定增长,显示出我国汽车消费市场的增长潜力,也为二手车消费市场提供了丰富客观的车源。

二手车电子商务使得消费者借助网络平台,实现二手车车辆的卖出和买入。有些二手车电商平台更是打破了原有的二手车交易模式,让二手车卖家和买家借助平台交易,更多地让利给买卖双方。这里以人人车为例来介绍二手车网上交易流程。

人人车是我国最大的二手车C2C交易平台。人人车公司于2014年4月成立,公司名称为北京善义善美科技有限公司,核心团队经验丰富、能力互补。创始团队既有亿级流盘线上产品的操盘经历,也有资深的汽车行业背景和线下团队管理经验。人人车的公司口号是"放心个人二手车",企业文化核心为"朋友·爱"。人人车强调把每个用户当成朋友,以对待朋友的真诚来对待用户,人人车就像你的朋友一样可靠可信赖。人人车提供的二手车交易服务流程如下:

(1)卖家预约卖车。

(2)人人车上门检车,进行249项专业检测,拍照并采集信息。

(3)生成评估报告,车源上架。

(4)寻找买家的过程中,卖家边开边卖,不耽误用车。

(5)买家致电客服,销售人员带有意向的靠谱买家上门看车。

(6)双方达成交易意向,谈妥价格。

(7)车辆过户前再次上架检测。

(8)人人车代办所有过户手续,协助双方完成过户。

(9)人人车为买家提供维护整备配套服务,以及后续一年2万公里的质保。

这里以人人车二手车交易平台进行车辆销售为例来进行简要介绍。人人车官网首页包括买车、卖车、分期购车、论坛、服务保障等栏目,如图2-1所示。

图 2-1　人人车首页

当车主想要销售自己的车辆时，可登录人人车官网（https://www.renrenche.com），选择"卖车"，该界面会给出"卖车流程"和"保卖服务"介绍。用户在"极速卖车"对话框下填入联系方式后点击"提交申请"，如图 2-2 所示。

图 2-2　"卖车服务"界面

用户点击"提交申请"后将进入"补充车辆信息"界面,如图2-3所示。

图2-3 "补充车辆信息"界面

用户完成以上车辆信息输入后,点击"下一步"将进入"预约验车"界面,如图2-4所示。用户可根据自身情况安排方面的时间和地点预约验车。

图2-4 "预约验车"界面

完成验车预约后,人人车的二手车评估师会根据顾客需求提供验车服务(进行249项专业检测,拍照并采集信息)。在平台提供评估报告及在平台公布车源信息寻找买家的阶段,车主仍可继续使用自己的车辆,不耽误车主用车。买家在平台看到中意的车源时,可致电客服或网上预约上门看车,买卖双方达成交易意向后,在车辆过户前人人车会对车辆进行再次上架检测。另外,人人车还可代办所有过户手续,协助双方完成过户。

2.5 汽车保险电子商务

信息与计算机技术的发展催生了许多新的服务提供方式,众多传统产业开始转向利用电子商务扩大经营规模,而网络保险也应运而生。当然,并不是所有险种都适合进行网络销售。在所有险种中,汽车保险的特质决定了汽车保险网络营销的优势。据研究,尽管保险电子商务已经成为国外保险公司重要的销售渠道,但电子商务所涉及的往往是诸如定期寿险、家庭财产保险和汽车保险等比较简单的险种。而比较复杂的险种,比如年金保险,由于涉及大量的精算知识和专业的咨询服务,通常在网络上是无法满足投保人需求的,同时由于其保险金额较大,保险公司一般仍旧通过代理人来进行销售。相关研究表明,产品越复杂、交易金额越大就越不适合在网络上销售。而那些比较容易进行标准化的保险险种如汽车保险,由于简单、重复性高,在各国网络保险收入中都是比例最大的。

汽车保险其他方面的特质也对其作为网络保险营销的首选产品给予了有益的补充。汽车保险网上营销除具备网络保险成本低、易比较价格、拓宽保险业务的时间和空间范围优势外,还具有投保标的流动性小、行程固定、业务量大、投保率高等特点。可以讲,汽车保险网上营销是网络保险最具潜力的一种标准保险产品的网络营销方式。

2.5.1 汽车保险网络营销的优势

电子商务从传统的以电子数据交换 EDI 为基础到以低成本、高速度、开放性、全球连通的互联网为基础,足以改变保险业传统的商业运作模式。车险网络营销作为信息技术发展和商业运作模式变革的产物,能够很好地将汽车保险的特殊性与电子商务的特点相结合,较之车险传统销售渠道有如下优势:

1) 有效降低车险经营成本

有数据表明,保险公司通过网络直接销售车险保单,通过节省中间代理的高额佣金,能够为财险企业有效降低 60% 以上的销售成本。据美国布兹艾伦与哈米尔顿公司(国际著名管理和技术咨询公司)计算,经营财产和意外保险的保险公司通过互联网向客户直接出售保单或提供服务,将比通过电话或代理人出售节省 58%~71% 的费用。因此,保险网络营销可以很大程度地降低保险企业供应链的成本,使保险公司从成本的削减中获益,同时降低了投保人所应支付的保费。

2) 为客户提供更加专业便捷个性化的服务

作为一种分销渠道,互联网与传统的渠道相比,能够更好地帮助企业收集关于顾客的相关信息并迅速获得来自顾客方面的反馈信息。因此,保险公司可以利用网络实现对客户资料的有效记录,通过历史数据为客户提供客制化的保险产品。当然,首次投保的用户也可通过网络轻松获得与保险公司和具体险种相关的资料,对比不同公司的产品,无须亲临保险公司便可完成投保、续保、支付等过程。此外,网络化的自助式系统能够为客户提供不间断的服务,为投保人提供极大的便利性,这符合当今这个以顾客便利为导向的社会的发展趋势。

3)广阔的市场与新的销售机会

互联网现在已成为企业营销战略的一个有机组成部分,其最重要的特征就是它无处不在——在一个国家建立的网站几乎在全世界任何地方都可以访问,为企业提供了无限商机。因此,不管是实力雄厚的传统企业抑或是刚刚兴起的中小型公司,都必须考虑互联网与其自身业务结合发展的可能性。对于保险公司而言,传统的汽车保险销售主要依靠保险代理人和汽车4S店等兼业代理来完成。由于采用代理手续费或佣金的方式支付报酬,保险代理人或经纪人获得报酬的取决于保费收入的多少。因此,这种模式容易使代理人对"小单"不够重视,错过大量有意向的小客户。相反,保险公司利用网络推销产品与服务,能够有效地与广大消费者进行接触,从而扩大销售。因此,网络营销能够为传统的保险销售渠道提供有力的补充或替代性选择。

此外,自我国加入WTO(世界贸易组织)后,外资保险公司全面进入中国市场,国内保险产业竞争日益激烈。外资保险公司较之国内保险企业虽然在销售队伍方面的优势并不明显,但由于其保险网络营销战略已经在国外市场先行一步并取得良好成果,网络营销的成熟经验成为其重要的优势,因此,在我国汽车销售量连续蝉联全球第一、车险销售规模不断扩大的市场背景下,只有不断探索新型的营销模式,努力发展保险电子商务,才能够帮助国内保险企业很好地应对车险市场的外来竞争。

2.5.2　汽车保险网络营销发展的制约因素

1)公众认知度不高

尽管中国网民数量很多,互联网潜在消费市场巨大,但中国人传统的消费观念依旧根深蒂固。大多数消费者还是热衷于面对面的服务模式,通过网络消费时,大多数人选择价值相对较低的生活类消费品。车险网络营销的市场还需要进一步进行宣传和推广。中国人民财产保险股份有限公司与某大学合作完成的《保险电子商务的专项市场调查报告》显示,目前制约我国保险电子商务发展的最主要原因是公众的认知度问题,消费者当中"不知道有这种服务"的比例占到了受访者的35.6%,反映了中国保险企业在车险网络营销的营销传播方面所做的努力仍然远远不够。

2)网络车险险种过于单一

保险公司没有依据互联网的特点对产品和费率进行相应的改善和创新,在投保人进行网络投保时,仅仅只能选择由保险公司推出的基本险和附加险组合而成的"套餐",而不能够自由选择自己需要的附加险。因此,由于附加险的局限,让消费者在网络投保时的选择余地较小,影响了消费者网络投保的热情。保险公司对于网络车险险种的创新不足,极大程度地阻碍了消费者从传统投保模式向网络投保模式的转化。

3)网络车险平台智能化水平低

车险网络平台的构建需要高昂的建设资本投入,而且无法保证该项投资是否能够最终实现长期的利润和高速的业务增长。因此,全国财险公司中有不少尚未开展汽车保险网络营销业务。另外,部分已开展车险网络营销业务的财险公司对于搭建网络平台的资金投入远远低于国际水准,导致网络平台的智能化水平较低,系统和界面功能均不够完善,极大影响了消费者的网络投保体验,不少消费者在尝试网络自助投保的过程中由于遇到难以方便操作的问题而选择退出。网络平台的智能化水平低是制约我国保险企业发展汽车保险网络营销的重要原因之一。

2.5.3 汽车保险网络营销的发展策略

鉴于目前我国汽车保险网络营销处于初步发展阶段,各个财产保险公司应借鉴国外保险公司成熟的保险网络营销经验,结合实际合理规划汽车保险网络营销业务。大致可以分为静态信息服务阶段、动态信息服务阶段、在线交易阶段及后期理赔与服务 4 个阶段。

1) 静态信息服务阶段

(1) 合理规划,量力而行。

保险公司在设计网站时应设立明确的营销传播目标。网站是企业的一个营销沟通渠道,引导顾客无须接触服务人员而使用自助服务的一种手段,因此,开展网上保险服务需要为网站和后台系统投入大量经费并发展相匹配的技术,保证高速的网络接入、方便的搜索引擎,以及相关、及时的信息。各保险公司必须根据本企业的资源和技术实力、竞争对手的销售状况及目标客户的特质等因素开展车险网络营销,逐步提高保险公司自身的电子商务实力。

(2) 加强人员管理,提升员工业务能力。

保险公司即使通过互联网开展保险服务,一线服务人员在满足顾客需要、传递服务和与顾客建立关系方面仍旧起着关键作用。大部分顾客会在自助服务遇到问题或有特殊要求时与一线服务人员发生接触,无论是面对面、耳对耳或是通过网络平台的沟通,对顾客来说都是非常重要的。因此,各保险公司必须明确各部门员工的职责、权限,对特定工作岗位,尤其是客服理赔人员应进行定期培训检查。要知道表现良好、令人满意的员工才能够实现保险公司的优质服务和顾客忠诚。

(3) 完善网站建设,增强竞争力。

由于消费者对于从网络渠道购买车险的新型模式认识不足,保险公司必须在营销传播方面投入大量经费,大力推广企业的"网上保险公司",向目标消费群宣传车险网络营销的便利性,树立保险公司良好的网络形象。网站的建设应注重以下几个方面:提供对客户需求做出及时相应的自动的后台客户端;将网络平台与移动电话技术相结合,方便客户在遇到问题时能随时与公司人员进行电话交流;为客户提供交互式服务,包括网络专家系统或人工服务,协助投保人按需选择汽车保险产品。

2) 动态信息服务阶段

(1) 合理设置网站各项功能。

将网站、顾客关系管理系统以及移动电话技术相结合。将移动通信工具融入服务传递的基础框架可以被看作是一种方法,它可以实时为顾客提供接入服务,通过提供正确的信息来提醒顾客注意各种机会与问题,并保证信息的准确性。

(2) 利用传统营销手段来辅助其网络营销业务。

尽管会有越来越多的保险公司通过电话服务中心和互联网来提供服务,但由于我国消费者的网络保险消费意识落后,保险公司仍必须继续依赖中间代理来处理与顾客的一些关系。

因此,在业务开展初期保险公司应充分利用传统营销手段来辅助其网络营销业务,最大限度地拓宽市场。例如,保险公司在初期可适当地与客户通过网络平台进行交流,有效地利用网络维护客户关系,推广网络营销的险种,增加投保人使用公司网站的频率;同时定期针对目标客户进行各种数据的收集和分析,以便及时了解市场动态及消费者的需求和消费偏好,据此修改保险条款和开发新险种。并通过企业网站对优秀代理人进行推介,方便客户对其服务进行评价。此外,公司可通过网络给予代理人销售支持、客户服务支持以及业务培训,代理人则可通过网络提交客户的基本情况,用最短的时间完成核保过程,并通过该网络了解每位保户的车辆情况,从而更好地进行续期服务。由此可见,成熟的保险销售电子渠道能够在很大程度上为熟悉业务的中间代理们提供帮助。对于保险公司而言,它们所面临的挑战是如何扮演引导者的角色并控制整个流程,保证传统渠道与电子渠道所传递的服务能够共同创造稳定和无缝的品牌服务体验。

3) 在线交易阶段

网上支付是在线交易一个非常关键的环节。为确保顾客网络投保的全过程能够安全实施,保险企业必须建立健全的网络安全保障系统,企业可选择与现有的已成熟化运营的第三方网络支付平台进行合作,如支付宝。也可自己搭建安全的在线支付系统,保证消费者的支付过程安全无忧。网络安全性管理是一项复杂的系统工程,保险企业必选根据现实情况不断升级网络安全保障系统,才能有效地防范网络安全风险。此外,保险公司也可利用上门收费模式排除保守型消费者对于网络支付的担忧。

4) 后期的理赔与服务

尽管保险公司可以通过互联网来销售车险,但后期的理赔和服务仍必须依赖各销售网点来完成。完整的车险网络营销过程包括线上和线下两个部分,线上部分以远程交易模式完成咨询、报价、保单确认等前期销售行为,后期的缴款、送单、服务和理赔依托各大保险公司在各地的分公司实现。国外备受赞誉的前进意外伤害保险公司就是在处理顾客索赔方面取得了卓越的成就。为了能够降低成本的同时提高顾客满意度并留住老顾客,公司推出了"及时反应"这一服务,向顾客提供全天候的理赔服务。理赔员是在灵活移动的理赔车上,而不是在办公室工作的。公司的目标是理赔员在 9 小时内审查出事的投保车辆。在不少情况下,理赔代表实际上在现场证据尚未确定的第一时刻就已经赶到了现场,并对受害者进行安抚,向他们提供有必要的医疗检查、车辆维修、报告警察以及法律程序等方面的建议,并向顾客提供按市值折算的赔偿金额。因此,在其网站被连续多次评委最佳网络保险运营商的同时,其线下服务也在不断取悦顾客,为顾客带来惊喜。

2.5.4　汽车保险网络投保流程

网上车险是车主可以直接通过网络平台,实现车险投保的在线查询、在线支付、在线续保、在线理赔等交易环节。网上车险打破以前的代理方式,让车主直接面对保险公司,自由选择保险产品,享受更多的车险优惠。有些保险公司还开通了网上投保享受快捷理赔服务,对于万元以下的车险理赔,在资料齐全的情况下,赔付时间能缩短到一天左右。

网上车险投保一般分为 5 个步骤进行。

(1) 选择所需要购买的保险产品。

(2)根据选择的保险产品,选择不同的保险种类、保障期限以及保单份数来计算保险费用。

(3)填写投保信息,请注意区分投保人信息与被保险人信息。

(4)选择支付方式,为确保能及时收到保单,请详细填写联系人信息,并确保填写信息的真实有效性。

(5)投保成功,请注意保存电子保单并注意查收保险公司寄送的纸质保单。

现以中国平安保险公司电子商务平台为例对汽车网上保险电子商务做简要介绍。中国平安保险公司电子商务平台首页包括车险、发现、保险购买、服务大厅、会员尊享等栏目,如图2-5所示。

图2-5 平安车险首页

1)车辆网上投保

进入中国平安保险公司电子商务平台(http://www.4008000000.com/),单击"保险购买"→"汽车保险",即进入车险报价界面,如图2-6所示。

图2-6 "车险报价"界面

在图2-6中输入地区及车辆牌照信息后点击"立即报价"即可进入精准报价界面,如

图 2-7 所示。整个投保过程共分为"精准报价""提交投保""支付"三个环节。

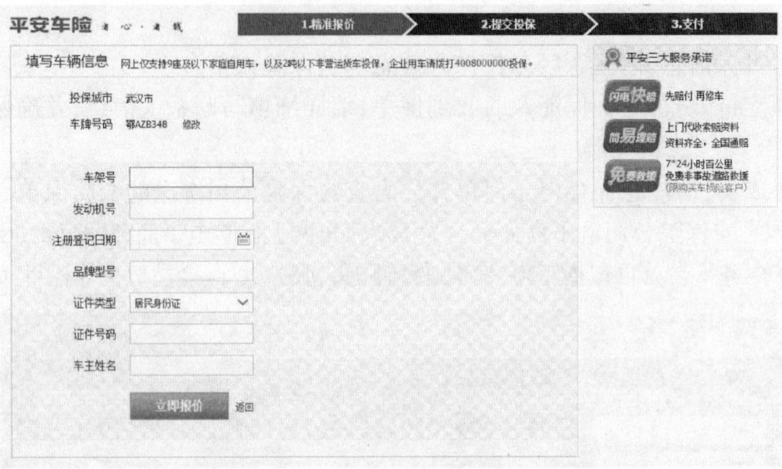

图 2-7 "精准报价"界面

2）车辆理赔流程

进入中国平安保险公司电子商务平台(http://www.4008000000.com/)，单击"服务大厅"→"理赔介绍"→"理赔流程"，即可了解具体理赔流程，如图 2-8 所示。车险理赔共包括 6 个环节：拨打 95511 报案、事故勘察、确认损失修复方案、修车、提交理赔材料、领取赔款。在该界面也可查询理赔网点和理赔进度。

图 2-8 "理赔流程"界面

本章小结

本章主要内容包括汽车网络市场调研的基本概念和特点、市场调研的内容、常见的网络市场调研方法;网络营销的特性;新车电子商务的内涵、新车电子商务的发展阶段、新车电子商务的主要商业模式以及发展趋势;二手车电子商务的发展概况、二手车电商的主要商业模式和发展趋势;汽车保险网络营销的优势、汽车保险网络营销发展的制约因素、汽车保险网络营销的发展策略等内容。

下列的总体概要覆盖了本章的主要学习内容,可以用其对所学内容做一次简要的回顾,以便归纳、总结和关联相应的知识点。

1. 汽车网络市场调研的基本概念和特点
2. 市场调研的内容

主要介绍了市场需求容量调研、可控因素调研和不可控制因素调研。

3. 常见的网络市场调研方法

主要介绍了直接调研和间接调研。

4. 网络营销的组成

主要介绍了网络整合营销、网络直接营销、网络自媒体、网络关系营销、"O2O"模式等内容。

5. 网络营销的特性

主要介绍了降低成本,节省开支;突破空间,及时传送;双向交流,互动营销;细分市场,定制化服务等。

6. 网络营销与传统营销的整合

主要介绍了消费群的互补、购买方式的互补、营销渠道互补、传统市场调研与网上调研相结合、媒体互补等。

7. 新车电子商务的内涵

主要介绍了随着互联网技术应用的不断深入,电子商务已不再是指狭义的电子商务,而是指广义电子商务,即只要对传统行业原有的信息流、交易流和物流中的其中一项进行互联网化,即可被称为电子商务。

8. 新车电子商务的发展趋势

主要介绍了未来年轻消费群体崛起将会推动新车电商市场创新发展,定制化、差异化运营的道路适合新车电商,不久的将来汽车金融将在新车电商领域发挥更加重要的作用。

9. 二手车电子商务的发展概况

主要介绍了二手车电子商务的发展概况,以2017年我国二手车交易量数据为依据指出我国二手车市场正在快速发展,二手车电商市场也在极速发展。

10. 我国二手车电商的主要商业模式

介绍了我国二手车电商的主要商业模式,包括B2B电商模式、C2B电商模式、B2C电商模式、C2C电商模式,并分别介绍了每种电商模式的典型企业。

11. 我国二手车电商市场的发展趋势

主要介绍了我国二手车电商市场的发展趋势,指出未来解限政策的效果将会逐步显现,二手车跨区域流通趋势将会逐渐成为主流,电商平台的交易渠道也将纷纷下沉,二手车电商经营模式的差异会进一步缩小,人工智能、大数据技术将会推动行业检测评估体系不断完善,二手车金融服务、售后延保将会助力电商平台提升用户体验,增加企业赢利来源。

12. 汽车保险网络营销的优势

主要介绍了有效降低车险经营成本、为客户提供更加专业便捷个性化的服务、广阔的市场与新的销售机会等内容。

13. 汽车保险网络营销发展的制约因素

主要介绍了公众认知度不高、网络车险险种过于单一、网络车险平台智能化水平低等内容。

自测题

一、单项选择题(下列各题的备选答案中,只有一个选项是正确的,请把正确答案的序号填写在括号内)

1. 2017 年 4 月 14 日,商务部网站上登出 2017 年第 1 号令《汽车销售管理办法》,并规定新《办法》于( )起施行。
   A. 2017 年 5 月 1 日　　　　　　　　　B. 2017 年 6 月 1 日
   C. 2017 年 7 月 1 日　　　　　　　　　D. 2018 年 1 月 1 日

2. 目前,新车电子商务处于( )发展阶段。
   A. 探索期　　　　　　　　　　　　　B. 市场启动期
   C. 高速发展期　　　　　　　　　　　D. 应用成熟期

3. 瓜子二手车直卖网的商业模式属于( )。
   A. B2B 电商模式　　　　　　　　　　B. C2B 电商模式
   C. B2C 电商模式　　　　　　　　　　D. C2C 电商模式

二、多项选择题(下列各题的备选答案中,有一个或多个选项是正确的,请把正确答案的序号填写在括号内)

1. 以下属于新车电子商务主要商业模式的是( )。
   A. 综合电商型　　　　　　　　　　　B. 初创型
   C. 垂直网站型　　　　　　　　　　　D. 车企和经销商自建型

2. 以下企业的主要商业模式属于 B2C 电商模式的是( )。
   A. 第一车网　　　　　　　　　　　　B. 人人车
   C. 车易拍　　　　　　　　　　　　　D. 优信二手车

3. 以下属于网络营销特性的是( )。
   A. 降低成本,节省开支　　　　　　　B. 突破空间,及时传送
   C. 双向交流,互动营销　　　　　　　D. 细分市场,定制化服务

4. 网络营销与传统营销的整合体现在以下哪几个方面？（   ）

    A. 消费群的互补

    B. 购买方式的互补

    C. 营销渠道互补

    D. 传统市场调研与网上调研相结合

三、简答题

1. 简述新车电子商务的发展趋势。
2. 简述二手车电子商务的主要商业模式。
3. 简述人人车电商平台的主要商业模式。

第3章 汽车后市场电子商务

导言

本章主要介绍汽车售后服务的概念、内容、经营模式、特点,汽车后市场电子商务的主要商业模式:汽车后市场 B2B 电商和汽车后市场 B2C 电商,以及主要分析了汽车后市场电商的典型企业案例:汽车后市场 B2B 电商案例——精米商城和汽车后市场 B2C 电商案例——途虎养车网。本章的学习内容力求使学生了解汽车后市场电子商务的相关内容,掌握目前汽车后市场电子商务的两种主要商业模式:汽车后市场 B2B 电商和汽车后市场 B2C 电商。学生掌握汽车后市场电子商务的主要业务内容、发展概况、主要商业模式和发展特点,可以为日后工作积累一定的专业基本技能。

学习目标

1. 认知目标
(1) 了解汽车售后服务的主要内容;
(2) 理解汽车售后服务的主要经营模式;
(3) 掌握汽车后市场电子商务的主要商业模式。
2. 技能目标
(1) 熟悉汽车后市场 B2B 电商和汽车后市场 B2C 电商的基本概念;
(2) 能够正确分析汽车配件用品 B2B 信息服务平台商业模式;
(3) 能够正确分析维修维护服务 O2O + 汽车配件用品 B2C 商业模式。
3. 情感目标
(1) 初步养成善于总结的习惯;
(2) 营造乐学、善学的学习氛围;
(3) 提高语言表达、沟通交流能力。

3.1 认识汽车售后服务

3.1.1 汽车售后服务的概念

21 世纪是新经济的时代,新经济在本质上属于服务经济。有形产品在满足消费者需求中的比重正在逐步下降,而服务的价值正变得越来越重要。

在服务营销的时代,以服务为导向的经营和创新战略已经成为现代企业的基本战略选择,越来越多的汽车企业都从以销售为核心转向以服务为核心,健全和完善服务体系;而在整个服务体系中,售后服务占了尤为重要的地位。

汽车售后服务是指汽车作为商品从客户购买开始直至车辆报废这一期间,由汽车制造企业、汽车维修企业、汽车服务企业、汽车配件及销售企业等服务商为客户及其拥有的汽车提供的全过程、全方位的服务。

3.1.2 汽车售后服务的内容

汽车出售到消费者手中后,厂家需要围绕消费开展一系列的售后服务活动。汽车售后服务主要包括:汽车质量保障、索赔、维修维护服务、汽车零部件供给、维修技术培训、车内装饰或改装、金融服务、事故保险、索赔咨询、旧车转让、废车回收、事故救援、市场调查与信息反馈等。

我国第一个汽车售后管理规范——《汽车售后服务规范》(以下简称《规范》)已于2002年9月26日在深圳开始实施。《规范》对汽车售后服务的基本原则、基本内容和基本要求作了具体规定。

(1)供方在出售乘用车时,应向顾客出具购车发票,提供产品合格证(进口汽车应有海关证明资料),还有用户手册、维修维护手册、使用说明书及对该产品提供售后服务的网络分布通信册等。

(2)供方提供咨询和现场服务(包括咨询、技术、故障救援)。

(3)供方向顾客提供技术培训,进行售前验车。供方应根据顾客的需要或双方的协议对顾客及有关人员进行技术培训,使顾客了解产品的性能和结构特点,并能正常使用、操作。最后,由顾客予以签字确认。

(4)供方向顾客提供汽车的维护服务,并将相应的书面文件交给顾客。

(5)供方向顾客提供维修服务。供方在一般情况下根据汽车特点和使用的需要,提供维修服务。

(6)供方向顾客提供产品的质量担保。质量担保期应符合生产厂家的有关规定。

(7)供方向顾客及时提供零配件供应和服务。

(8)供方应对产品建立信息反馈系统,对产品在使用中的质量问题及时处理,并通知顾客。按有关保修或索赔条例执行。

(9)供方应对顾客的汽车建立服务档案,提供终身服务。

(10)质量事故鉴定,当产品出现质量事故时,供方有责任协调各方参与调查处理。

(11)供方应接受售后服务质量的投诉、纠纷处理。

汽车售后服务是企业营销中的重要组成部分,通过它可以与客户的关系更加密切、树立企业形象、提高产品信誉、扩大产品影响、培养客户忠诚度等。

汽车售后服务是与汽车这一特定产品相关的各个实体相互协作、相互作用的过程与结果。售后服务参与者包括汽车的生产厂家、销售商、维修商、零配件供应商和客户。

汽车生产厂家除了制造汽车产品外,还有为其品牌的汽车售后服务制定相关标准、建设服务网络、提供技术支持等相关职责。零配件供应商是汽车售后服务的间接参与者,主要是为品牌车辆用户提供纯正的原厂零配件,并提供原厂零配件质量担保,为用户提供原厂零配件索赔服务,及时与汽车生产厂家备件部反馈零部件使用和质量信息。维修商通常是汽车售后服务最直接的提供者。销售商也常常配合当地的维修商联合提供售后服务。

汽车售后服务参与者构成的价值链如图 3-1 所示。

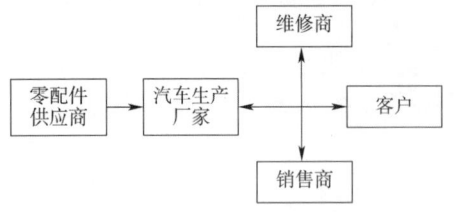

图 3-1 汽车售后服务参与者构成的价值链

3.1.3 目前汽车售后服务经营模式

1)"四位一体"模式

将整车销售、售后服务、零件供应、信息反馈这四大功能整合在一家售后服务提供商内部,由该服务提供商向客户提供系统的售后服务。

无论是在汽车的售前阶段还是售后阶段,服务提供商都能为客户提供方便的一站式服务,整合了汽车销售商和维修商的功能,缩短了汽车制造商和客户间的距离,大大降低了汽车生产厂家管理中间渠道的复杂度。"四位一体"的服务提供商能有效占领某种品牌汽车的服务市场,从而降低自身的经营风险。

"四位一体"服务提供商在汽车制造商与客户之间建立了一条快捷通道,如图 3-2 所示。

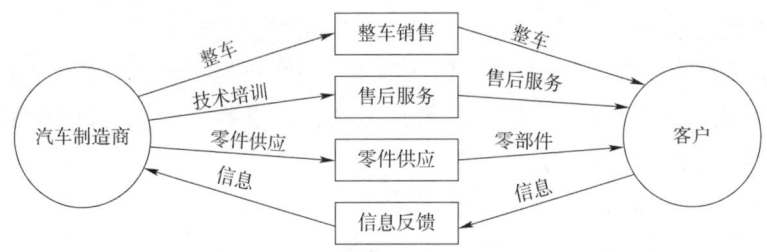

图 3-2 "四位一体"服务提供商

2)连锁经营模式

美国是汽车售后服务连锁经营模式的典范。在最近 20 多年的时间里,连锁经营模式得到了迅速的发展。连锁的发起者不是整车厂,而是定位于汽车售后市场的集配件供应、汽车维修、快速养护为一体的综合性服务商。例如,丰田汽车公司在全球有 7300 多家销售服务点,将近 10 万名员工,是从事制造的员工的两倍多。

连锁化经营的汽车售后服务自创服务及品牌,成为专业汽配维修商。连锁体系内的维修企业成员,可依托盟主的配件库存、进货渠道、配送力量和技术支持,在较少库存的经济模式下,实现即时、高质量的维修服务。连锁体系内的汽配店可依附盟主广泛、稳定的供货渠道,以小批量的订货获得规模订货的优势价格,以盟主总库的配件支持来降低自己的库存规模,在享受品牌效应的同时,以网络内其他维修企业的服务为依托,增加自己的竞争力。由于连锁体系成员是综合性配件供应商及维修商,不是专一车型的配件供应商及维修商,所以产品适用的车型广,维修业务覆盖的车型多,提高售后服务的质量。

3.1.4 汽车售后服务的特点

1)服务区域化

每辆车在售出后,它的使用情况与当地的气候、道路质量等因素密切相关。例如,我国北方气候干燥、沙尘大,汽车的防风沙过滤装置损坏的可能性要比在湿润的南方地区来得大;而南方地区温度较高,汽车空调装置使用频繁。这是汽车售后服务区域特性的一个表现。

2)服务分工化

由于客户需求的多样性,目前汽车售后服务已不仅仅局限于汽车维修,而是拥有汽车零配件供应、汽车维修与维护、汽车清洁与美容、汽车改装等多种服务功能的服务集合体。

3)服务体系化

汽车售后服务体系中还包含着汽车生产厂家和汽车零配件制造商。由于售后服务中汽车零配件供应、坏零件索赔、技术资料发放、贷款划拨、服务站管理和服务站的需要,汽车零配件制造商、汽车生产厂家、汽车售后服务提供商形成了一个汽车售后服务的服务链,如图3-3所示。

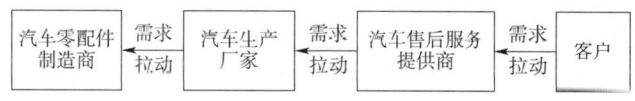

图 3-3 汽车售后服务的服务链

4)服务标准化

汽车品牌和汽车型号种类繁多,造成了汽车售后服务方式方法千差万别,服务质量也难以保证。目前,汽车生产和消费大国通过制定汽车售后服务标准,或者由该国行业协会出台汽车售后服务行业的行业规则,以规范汽车售后服务的业务活动。

5)服务品牌化

品牌是维持售后服务市场竞争优势的有效手段。良好的汽车售后服务能够有效吸引客户并能维持客户忠诚度。

3.2 汽车后市场电子商务的主要商业模式

3.2.1 汽车后市场 B2B 电商

1)汽车后市场 B2B 电商的基本概念

B2B(也写成 BTB)是指企业与企业之间通过专用网络或 Internet,进行数据信息的交换、传递,开展交易活动的商业模式。它将企业内部网,通过 B2B 网站与客户紧密结合起来,通过网络的快速反应,为客户提供更好的服务,从而促进企业的业务发展。

B2B 是指进行电子商务交易的供需双方都是商家(或企业、公司),它们使用了互联网的技术或各种商务网络平台,完成商务交易的过程。电子商务是现代 B2B 市场的一种具体主要的表现形式。

汽车后市场 B2B 电商包含三要素:

(1)买卖。B2B 网站或移动平台为消费者提供质优价廉的商品,吸引消费者购买的同时促使更多商家的入驻。

(2)合作。与物流公司建立合作关系,为消费者的购买行为提供最终保障,这是 B2B 平台的硬性条件之一。

(3)服务。物流主要是为消费者提供购买服务,从而实现再一次的交易。

汽车后市场 B2B 电商是汽车配件用品供应商和维修维护服务商通过互联网/移动互联网技术和手段,完成产品、服务及信息交换,提高汽车后市场服务的流通效率,降低流通成本,实现汽车后市场服务的在线化、便捷化和扁平化。电商平台直接与汽车配件厂商或经销商进行合作,并通过线上平台进行产品展示,最终销售给汽配用品零售商或维修维护服务商。

汽车后市场 B2B 电商平台的出现和发展,着重于缩短流通环节经销商的供应流程。通过线上平台完成在线交易,能够打破交易场景限制,促进汽配用品行业向价格透明化和服务规范化的方向发展,从而提高交易以及整个行业的效率,同时减少了中间环节,可以降低维修服务商的采购成本,最终给车主消费者带来产品价格降低和服务质量提升的便利。

汽车配件用品 B2B 信息服务平台是汽车后市场 B2B 电商发展初期的主要服务模式,如图3-4 所示,其主要模式是为汽车配件买卖双方提供产品和相关信息展示。主要赢利来自广告收入和经销商订阅收入。作为信息服务平台,经常举办线下沙龙活动,打通线上线下信息,为买卖双方提供线下深度沟通交流的机会。

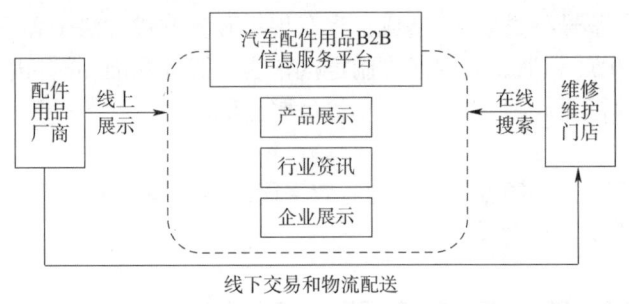

图 3-4 汽车配件用品 B2B 信息服务平台商业模式

2)汽车后市场 B2B 电商的发展特点

(1)B2B 电商提升了行业服务效率,业务整体发展速度较快。汽车配件用品 B2B 电商平台经过近几年的行业摸索,通过与汽配厂商或大型经销商合作,同时引进小型经销商加盟,在平台运营和服务能力等方面都获得了较为明显的提升。

(2)B2B 电商仍然被资本市场看好。相比于 2014 年和 2015 年的风生水起,汽车后市场投资在 2016 年一度陷入沉寂。不过,在 B2B 领域,整合行业资源、提高行业效率的 B2B 电商并未失去资本的青睐。根据托比研究发布的《2016 年度 B2B 行业投融资报告》,2016 年汽车市场 B2B 电商约获投 20 起,其中汽配交易平台 8 家。

(3) 整体来看,B2B 电商平台仍处于蓝海竞争中。由于 B2B 业务对互联网平台要求较高,市场相对较小,而深度介入维修、零配件的互联网平台相对更少,所以在此领域率先完成布局,并采用互联网技术实现效率提升的企业将具有较强的优势。

(4) 不同的 B2B 电商平台利用自身优势,寻求商业模式创新。各家 B2B 电商平台探索不同的创新模式,如精米商城依托于母公司精友集团拥有国内最为强大的汽车保险数据,通过连接保险公司、汽修厂和配件商,提供配件定型、线上询价、定损直采、物流配送等全程服务。

3.2.2 汽车后市场 B2C 电商

1) 汽车后市场 B2C 电商的基本概念

汽车后市场 B2C 电商平台是通过互联网/移动互联网技术和手段,实现汽车配件用品供应商与车主消费者之间的交易活动、金融活动和综合服务活动等,提高汽车后市场服务的流通效率,降低流通成本,实现汽车后市场服务的在线化、便捷化和扁平化。

汽车后市场 B2C 电商平台为车主消费者提供的服务主要可以分为两大类:一类是 B2C 电商平台,通过线上的电商服务平台,由汽车配件厂商、经销商和零售商为车主消费者直接提供汽车配件产品;另一类是 O2O 的维修维护服务,通过线上的维修维护服务平台,由包括维修厂、维修服务门店以及相关服务团队在内的线下汽车维修维护服务商在线下为消费者提供汽车配件安装和维修维护服务,实现服务闭环。

汽车配件用品 B2C 电商交易平台,直接面向个人车主消费者,由车主用户直接进入平台选择和购买汽车配件用品。汽车配件用品 B2C 电商交易平台能够有效缩减中间多层的经销环节,降低流通成本,从而在最终销售中形成更低的价格优势。同时,厂商直接供货,且由平台的品牌承担一定的担保作用,能够给消费者提供正品行货,保证产品质量。图 3-5 是典型的汽车配件用品 B2C 电商交易模式。

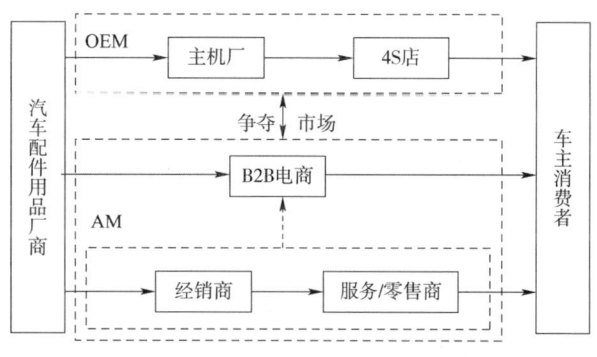

图 3-5 汽车配件用品 B2C 电商交易模式分析

维修维护服务 O2O + 汽车配件用品 B2C 平台是维修维护服务 O2O 平台不断向上游进行的业务延伸,以覆盖汽车配件用品 B2C 电商交易业务。

维修维护服务 O2O + 汽车配件用品 B2C 平台的业务范围基本涵盖了产业链中汽车配件用品生产之后的所有业务,即仓储、销售、物流、服务等,如图 3-6 所示。消费者可以直接在平台选择汽车配件用品和维修维护服务以及线下服务门店,前往线下门店完成最终的维修维护服务。业务延伸后的维修维护服务O2O+汽车配件用品B2C平台基本上可以为车主消费者提供汽车维修维护方面的一站式服务。该类平台目前的主要赢利模式为赚取产品销售差价,由于有较为完整的产业链布局,未来有望通过增值服务获取收益,增加赢利来源。

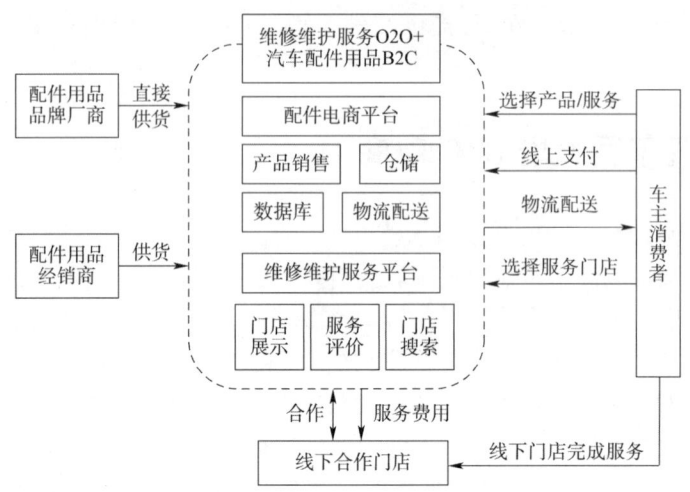

图3-6 维修维护服务O2O+汽车配件用品B2C商业模式

2)汽车后市场B2C电商的发展特点

(1)汽车配件用品B2C电商平台价值正在凸显。B2C电商平台缩减了传统汽车配件用品市场的多层经销环节,使汽车配件流通更加透明,产品最终的销售价格更加优惠。一些平台与上游汽配厂商加强了对接合作,降低产业链成本。e维护、途虎养车等在2016年均在供应链服务上进行了大量投资。

(2)相对于B2B,B2C平台主要以供应维护件、易损件为主。目前国内车主消费者对汽车配件用品了解程度一般,自主进行汽车改装维修的经验较少。汽车配件用品B2C电商平台的目标消费者主要分为三类:第一类是价格敏感型的车主消费者,第二类是空余时间较多的车主消费者,第三类是汽车发烧友。汽车配件用品的产品类型繁多,价格敏感型和空余时间较多的消费者由于缺乏专业的汽车维修维护知识,很难进行选择并且进行自主操作和安装。从目前各B2C电商平台销售情况来看,销售以机油和轮胎这类标准化程度高、使用技术要求低的产品为主。此外,还有一些安装便利的行车记录仪和电子导航设备,这些产品的使用不需要用户经过太多的培训和学习,对用户DIY能力要求较低。而专业水平要求高的制动摩擦片、火花塞、减振器等配件用品的销量较低。

(3)维修维护服务平台正在向O2O+转型。消费者对汽车安装维护专业知识的欠缺使线下维修维护服务更加不可或缺,汽车配件B2C电商平台在销售环节已经相对成熟,越来越多的B2C电商平台在向O2O转型,逐步线下延伸涉足维修维护服务的相关业务。

(4)车险与维修维护结合的商业模式正在兴起。2016年,众多车险平台通过合作或自主布局形式涉足汽车后市场,将车险业务与维修维护相结合。维修维护与车险之间存在数据契合点,车险与维修维护服务相结合能够在数据上形成互补优势。

(5) B2C 电商交易平台重视运营效率和赢利能力的提升。以途虎养车、汽车超人等为代表的维修维护服务 O2O + 汽车配件用品 B2C 平台逐步向汽车配件用品供应链上游进行业务延伸，更多地建立起与生产商的直接合作，并从生产商处直接拿货，进一步减少了原 AM 市场层层流通的中间环节，降低了流通成本，从而为消费者带来更加优惠的产品价格。

3.2.3 汽车后市场 O2O 电商

1）汽车后市场 O2O 电商的基本概念

O2O 是指将线下的商务机会与互联网结合，让互联网成为线下交易的前台。这个概念最早来源于美国。O2O 的概念非常广泛，只要产业链中既可涉及线上，又可涉及线下，就可通称为 O2O。O2O 电子商务模式需具备五大要素：独立网上商城、国家级权威行业可信网站认证、在线网络广告营销推广、全面社交媒体与客户在线互动、线上线下一体化的会员营销系统。一种观点是，一家企业能兼备网上商城及线下实体店，并且网上商城与线下实体店全品类价格相同，即可称为 O2O；也有观点认为，O2O 是 B2C 的一种特殊形式。

近几年，O2O 模式成了各个行业发展的基本趋势，形成了一种独特的电子商务管理架构，实现了线上线下的互动交流和沟通，并且，在 O2O 模式下，能在线上购买相关的服务和商品，在线下保证消费者有真实的到店购物体验，并享受相关服务项目。这种运行机制的本质是建立在企业品牌以及用户定位的基础上，能在完善消费管理渠道的同时，整合管理效果，并且从根本上建构全渠道且多元化的社交管理媒体，维护移动互联的功能性和优势。另外，O2O 模式也在一定程度上应用了物联网技术和大数据处理技术，能在推动大会员社区化的范围方面提供有效的动力，从而整合行业内部资源，维护品牌社会资本的管理工作水平，真正实现消费者管理以及品牌信任度的双重升级。值得一提的是，O2O 模式是现代化商业体系不能忽略的管理措施，是顺应时代进步和发展的基本结构，更是维系消费者和品牌之间信任度的基本路径。这种商业设计能为企业可持续发展和进步提供保障。

2）汽车后市场 O2O 电商的优势

从整体角度分析，O2O 模式具有以下三项优势：

(1) O2O 模式对本地商家而言，由于要求消费者进行网上在线支付，且整体消费信息成了商家了解用户的基本路径，能为后续数据搜索以及有针对性地推送相关销售信息提供基础性的数据支撑，并且从根本上维护了精准营销的目的。也就是说，O2O 模式能在维护和拓展潜在客户方面实现全面优化。需要注意的是，在线上资源增加的过程中，并不会对商家造成非常大的成本投入，仅仅需要网络维护和开拓而已，但是，其产生的销售影响力却非常巨大，能为商家带来较大的利润。加之 O2O 模式对于商家线下店面管理、店面位置、交通性等因素的依赖程度明显，也成为减少成本、提高销售额的重要依据。

(2) O2O 模式对于消费者而言，能提供更加全面且专业化的销售页面，消费者不仅能有效获取最新产品的相关信息，也能及时了解商家的促销、打折以及优惠活动，从而满足购物需求。

(3) 对于服务商来说，O2O 模式能提高消费者和销售企业之间的依赖程度，这种大规模的黏合度是传统销售不能达到的。基于此，O2O 模式能争取更加全面的商家资源。O2O 模式能够借助大数据处理技术对相关垂直网站数据予以整合以及分析，为商家提供更加丰富且有效的增值服务体验,确保相关问题的优化处理更加有效且具有实际价值。

3) 汽车后市场 O2O 电商的主要销售模式

结合我国实际情况,目前较为有效以及运行范围较广的 O2O 销售模式主要分为三类:

(1) 车辆企业和配件供应商形成直营销售,企业借助网络平台的搭建,能直接销售汽车配件,并且在线下有效匹配相应的门店,为客户提供线下的直接服务。这种模式在运行过程中,由于线上直营结构,因此,其成了价值链的顶端结构,车辆企业和配件供应商之间形成了更加灵活的分销渠道,对后续销售工作的全面开展提供了基础性的保障。值得一提的是,在直营电商管理工作中,国外的一些销售经验值得深度分析和学习。其中,美国某汽车零配件销售企业就建立了基础性线上销售渠道,消费者只需要登录其网站就能直接选购相应的商品,各地区经销商则负责商品的供给和配送,并不参与交易资金的管理和结算,也不会对顾客接洽工作予以关注。若是购买的商品存在问题,或者需要进行安装和维护,消费者能借助订单到门店进行有针对性的操作。

(2) 配件供应商联合售后服务店开展综合性销售模式。这是一种垂直电商平台综合合作销售的管理措施,能为整体管理效果的升级提供保障。在垂直点平台推送的相关信息能第一时间满足消费者的实际需求,将汽车维护作为基础。消费者能登录商家的相关链接"维护网站",从而选择对应的车型,或者是直接购买相关维护品,也就是说,消费者除了可以购买实体化的商品,也能购买虚拟化的服务,从而真正形成一站式购物管理结构。在购买关系达成后,消费者就能自行到商家线下实体店享受相关服务。目前,我国相关网站处于进行垂直化电子商务链接体系整合的过程中,无论是常规维护、中度维护,还是汽车的大修项目,都要按照标准化流程或者是套餐进行维护产品和工时费计算,有效连接车主消费者、汽车服务企业和汽车配件供销商等,从而提高汽车商务管理工作的便捷化程度,实现经济性和安全性的同步升级。

(3) 移动互联网为媒介的基础性 O2O 模式。近几年手机 APP 项目逐渐增多,汽车配件商务化管理工作结合 LBS 系统完善服务类型也成了发展的根本,不仅能有效建立汽车维修维护机制,还能提高整体项目管理水平。例如,若是汽车在半路出现故障,只需要借助 APP 就能直接寻找到最近的维修地点,建立相应的维修服务模式。需要注意的是,应用 LBS 系统,能在完善定位管理工作和服务水平的基础上,确保移动终端和移动网络之间形成更加有效的配合,从而真正优化地理位置的管理水平,为提高服务质量奠定坚实基础。在 O2O 模式中,整合 LBS 系统,确保用户和相关位置信息之间能建立良好的互动,也能维护通信和导航融合服务的基本质量,满足实际需求。计算机智能化软件应用过程能为后续工作项目的全面优化提供保障,也能有效改善消费者对于传统服务结构的认知,从根本上提高服务的应用价值,并且为消费者推送更加具有实际价值的周边信息,建立快捷化、便捷化以及针对性强的服务模式。除此之外,在 O2O 模式运行过程中,LBS 系统能为传统资讯推送方式提供更加有效的平台,在固定区域内,按照消费者的消费类型、消费需求以及消费基本方向等因素进行精准营销,也能为管理工作和消费者后期维护工作提供坚实的保障。

4) O2O 模式下我国汽车配件电子商务的发展策略

在 O2O 模式运行工作开展过程中,为了从根本上维护汽车配件电子商务发展水平,要结合模式的优势,构建系统化管控和应用机制,确保我国汽车配件电子商务发展水平能顺应时代的发展趋势,在提高经济效益的同时,形成更加稳定健康的消费市场。

(1) 优化服务质量和商品资源。

要想从根本上提高 O2O 模式的运行效率和完整性,就要对服务质量和资源结构予以重视,建立健全系统化资源管控结构,保证维修维护项目、改装项目以及汽车美容项目等多元化服务结构能形成有效的互通互联,为消费者提供更加明确的类目分级管理服务。伴随着人们生活水平的提高,不同汽车用户的个性化层次需求逐渐增多,为了提高服务的针对性和基础质量,升级 O2O 模式的质量势在必行。并且,在 O2O 模式中,商家和代理之间要精诚合作,减少供应链条中不良因素的影响,不仅要提高服务类产品的种类,还要从根本上降低成本。完善用户、服务项目和商品管理之间的关联结构,借助 O2O 模式对线上信息予以大数据分析,保证关联度和消费者黏合度都能满足企业发展需求,提升服务质量监督效果,维护商品资源的多样性、优质性,促进我国汽车配件电子商务发展项目的可持续进步。

(2) 完善 O2O 模式平台的推广水平。

在对消费者、市场等因素进行需求分析后,要积极建立健全系统化平台推送机制,有效处理客户需求,并且从根本上整合价值流,确保资源利用最优化,且相关资源结构能应用在最优价值的服务项目和业务管理结构中。基于此,在 O2O 模式建立后,要制定切实有效且贴合实际需求的推广策略,要顺应时代发展和人们的消费取向。在推广工作中,首先要对 O2O 模式运行环节进行完善和深度挖掘,尤其是用户资源获取和消费体验方面,只有从本质上提高服务质量,才能为后续工作的全面开展提供有效的保障机制。其次,要落实更加系统化的 O2O 模式推广措施。利用用户免费体验等方式提高客户的口碑传播效果,并且适时地推出具有诱惑力的优惠活动,借助大数据处理技术有效针对客户的实际需求推送相关服务类别,在保证推广效果的同时,引起消费者的关注,从而提高整体消费水平。例如,目前较为流行的微信、微博等媒介,借助消费者实现品牌推广和咨询分享,真正形成具有一定影响力的 O2O 营销模式,确保汽车配件电子商务管理工作的实效性和完整程度,真正提高经济效益。最后,利用 O2O 模式整合基础性信息,作为后续潜在客户推广的基本依据,建立健全统筹性客户分析机制,整合管理标准和管理要求,真正维护 O2O 模式的实际价值,实现汽车配件销售目标。

(3) 落实汽车服务标准化体系。

在 O2O 模式中,线上购买过程需要借助推送或者是消费者自身的购买意愿,而要想从根本上提高汽车配件商务化发展水平,线下服务质量是关键性因素,基于此,要整合管理标准和管控机制,完善汽车服务标准体系,也是为后续行业协会合作提供保障。也就是说,尽管是线上支付,线下的服务质量也要得到全面保障,按照服务标准化体系约束相关操作和行为,在整合策略完整程度的同时,提高标准化建设水平。因此,要对服务机构和流程细节予以监督管理,建立针对性的控制模块,无论是整个流程环节,还是订单处理的精细化问题,都要建立标准化管理体系,确保能够从根本上满足客户的实际需求。

(4) 完善订单转化结构。

要想从根本上提高 O2O 模式的运行效率,就要完善线上到线下的转化过程,保证服务、分类、信息管理等多方面都能满足平台的实际需求,并且提高追踪管理体系的完整程度。需要注意的是,平台推送项目要切合实际,在有效吸引消费者的同时,保证其所提供服务的基本质量过关,从而实现 O2O 模式中线上线下的有效转化。

3.3 汽车后市场电商案例

3.3.1 汽车后市场 B2B 电商案例——精米商城

1) 企业概况

精米商城成立于2014年,是一家专注于汽车保险事故配件交易的垂直电商平台企业。母公司为精友集团,主要为保险业提供整车及配件数据服务,客户包括我国90%以上的保险公司。精友集团提供数据收集、数据加工整合、数据分析和系统服务,为保险公司、行业协会、汽车企业、汽车后市场企业等提供信息技术解决方案。

精米商城隶属于精友集团,是汽车全车件 B2B 电商交易平台,以保险理赔零部件采购为切入点,解决保险公司在赔付环节的成本控制、流通环节多层次利益输送、配件难找、价格混乱等问题。

精米商城有较全面的汽车保险数据,已建立庞大的汽车零配件数据库,连接保险公司、汽修厂和配件商,提供线上询价、配件定型、定损直采和物流配送等全流程服务。

精米商城与我国90%的保险公司达成合作关系,引入配件商、修理厂上千家,数据库覆盖23万款车型、2200万个配件,2014年上线后半年月交易额超过200万元。

2016年4月,精米商城获得了红马资本上千万 A 轮融资。此后,精米加大了在数据研究、技术以及平台建设优化方面的投入,继续和各家保险公司合作推广城市试点,吸引更多的配件厂商入驻精米,将精米模式向全国推广。精米商城官网首页如图3-7所示。

图 3-7 精米商城官网首页

2) 商业模式

精米商城商业模式为:搭建了一个事故车辆配件电商平台,将保险公司、配件商和修理厂联系起来;吸引了20多个配件品牌商家入驻商城;与保险公司有关的汽车维修厂和4S店通过商城选择需要的汽车配件,精米商城负责物流配送。精米商城和同城物流企业合作,构建了急件一小时送达、非急件一天送达的物流配送模式。车辆出现交通事故时,与精米合作的保险公司进行定损,确定需要更换的零配件,保险公司指定维修厂或4S店,从精米商城下单采购,保险公司买单。如图3-8所示。

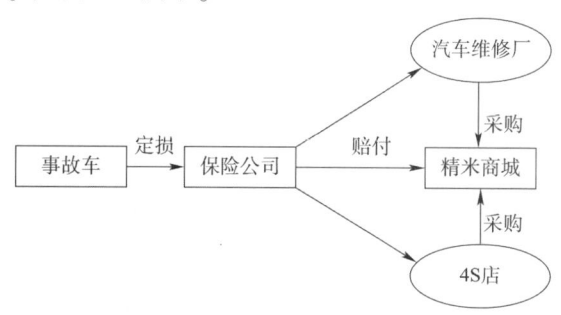

图3-8 精米商城的商业模式

精米商城构建一站式的配件询价与集中采购平台。在平台上,汽车维修厂或4S店可以货比三家,获得良好询价的汽车配件。同时,汽车维修厂服务端与平台相互联系,可随时随地下订单,追踪订单的状态,商城也可以提供及时的物流服务。

3) 核心能力

精米的商业模式具有一定的独创性。一方面,精友集团在汽车保险领域有着近20年的行业积累,为全国九成以上的保险公司提供相关服务;另一方面,中国汽车保险事故配件市场发展与欧美国家差距较大,在B2B市场还存在非常大的商机和前景。

4) 企业运营

汽车后市场B2B行业存在较强的行业壁垒,需要企业具有非常强的资金实力、清晰的商业模式。从精米商城目前的发展情况看,精米商城已经具备了上述发展的基本条件,精米商城的发展模式在汽车配件市场中有良好的发展前景。

3.3.2 汽车后市场B2C电商案例——途虎养车网

1) 发展概况

途虎养车网于2011年成立,总部位于上海,是我国领先的汽车后市场电商平台之一。途虎养车网以轮胎为主营业务切入汽车后市场,在多年的发展中朝着汽车维修维护全品类覆盖的方向拓展产品线,现已提供机油、汽车维护、汽车美容等各类产品和服务。途虎养车自建仓储物流,通过线上售卖汽车用品和线下合作门店提供安装服务的形式,为客户提供全方位的汽车维护服务。在线上,客户可通过网站、电话、微信、APP、各大电商平台等渠道购买途虎的商品与服务。在线下,途虎有超过13000家合作安装门店,服务能力覆盖31个省份、405个城市。

2014—2015年,途虎养车网顺利地完成了A、B、C轮融资,获得了1.5亿美元的融资。

从2015年开始,途虎养车网的服务品类从轮胎扩大到汽车维护、美容以及其他服务用品,销售收入达到9.6亿元。2016年1月,途虎与3M公司合作,独家授权途虎线上首发3M机油,开创了我国首次润滑油厂商对电商平台授权的先河。2016年3月,途虎与我国最大轮胎厂商万力合作,成为万力轮胎旗下万嘉联盟在江浙沪地区的唯一服务商。2016年4月,途虎与亚夏汽车签署了关于互联网保险项目合作协议,投资互联网保险项目。2016年6月,途虎养车与YunOS宣布针对汽车智能、车联网领域进行战略合作。YunOS的系统正在成为我国继Android、iOS之后的另一个重要移动操作系统,途虎养车在2016—2017年营销规模快速增长,销售轮胎超过300万个,占轮胎总市场的7%。

据途虎养车网统计,截至2017年7月,途虎养车网的线下合作门店覆盖全国405个城市,门店数量高达13000家。轮胎月销售额突破1亿元,美容日订单量超过1万个,维护日订单量近2000个,月增长率超过20%。基本完成全国重点销售区域的仓储和配送布局,从上海、北京、沈阳、成都、武汉、广州、济南、厦门、西安、昆明十大物流中心出发,覆盖周边销售区域。途虎养车官网首页如图3-9所示。

图3-9 途虎养车官网首页

2)商业模式

途虎养车网创立之初,在维修维护方面的商业模式采取的是自营型平台模式(图3-10)。维修维护类电商分为自营型平台、导流型平台、上门服务型平台三类。与导流型、上门服务型两种电商相比,自营型电商的服务程度最深,符合移动互联网时代要求的便捷用户体验。同时,与导流型模式收取广告费与佣金、上门服务型模式直接收取服务费相比,自营型模式通过线上出售汽车配件用品的利润差价赢利,营利性更加直接稳定。此外,自营型电商具有其他两种类型无法匹敌的品牌力与口碑,增强了电商对商品来源、商品质量、商品供应及物流配送的硬控能力,实现了商品的垂直化供应,同时解决了其他两种模式获客成本高、用户难以留存、监控能力差等诸多弊病。根据标准排名研究院进行的相关研究与分析调查,导流型与上门型平台模式企业将在 5 年内转型与淘汰,自营型平台已有趋势提前进入寡头竞争阶段,优势资源越来越集中。

3) 核心能力

物流是途虎最大的优势,这与途虎在一开始就深耕线下门店有很大关系。途虎自建物流体系,传统上需要 40 天运转周期的物流过程,途虎养车只用 20 天就实现了运转,而且仓库可以做到上午下单、下午安装,实现了途虎的"八小时直送",提高了整体的效率。同时,途虎为每一个轮胎都建立了自己的数据系统,为客户实时提供使用信息,提醒客户轮胎的使用寿命。

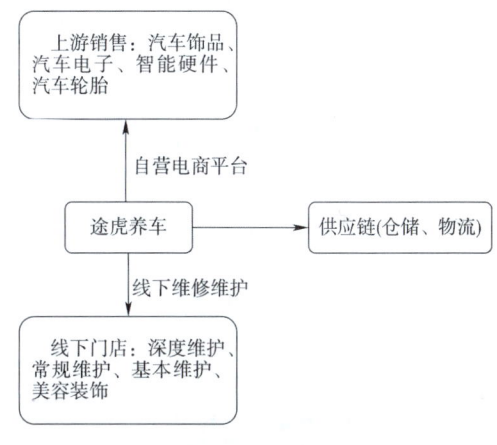

图 3-10　途虎养车网的商业模式

4) 企业运营

途虎三大运营特点分别为平台化布局管理、精细化运营模式、个性化服务定制。从平台化布局管理角度来看,随着互联网时代的到来,必然会伴随着对传统行业的冲击。从开始的轮胎到后期的维护,再到汽车金融,乃至衍生到学校,每一次的延伸都意味着一次转型,都是为了适应多变的消费者,建立信任,满足需求,不断挖掘,服务大众。从精细化运营模式角度来看,从生产到销售,再到销售渠道的选择、线下门店的考核、用户的探索挖掘都要利用大数据做到精细分析整理,提高企业赢利能力。从个性化服务定制的角度来看,通过大数据系统分析用户,记录备案,系统会给出明确的指导,了解用户的需求、消费习惯、消费能力、消费周期、消费水平等,然后再根据用户的要求进行个性化定制,既满足了客户的需求,又为企业节省了时间,这也是途虎的特色。

由于其资源能力、仓储物流能力、用户黏性、用户互动性、用户质量和生态闭环等方面的成绩,途虎受到了行业的认可。但是汽车养护市场正面临巨变,4S 店、维护门店或将继续占据市场主导地位。随着互联网时代的到来,移动互联网进入汽车维护市场也是必然。作为维护渠道补充,维护电商正在不断崛起。B2C 电商多强争霸,途虎未来在市场上的表现值得进一步观察。

3.3.3　汽车后市场 O2O 电商案例——有壹手

1) 发展概况

北京有壹手汽车科技有限公司成立于 2013 年 5 月,是中国领先的创新型汽车快修服务公司。有壹手采用电子商务、移动互联、SNS 的互联网技术改造传统的汽车快修行业,有壹手汽车快修服务网络自创立便快速成为中国 O2O 服务模式的成功范例。

一方面,有壹手确保所使用的产品和技术处于行业领先水平,并帮助旗下的连锁门店实现订单管理、车间管理、绩效管理、会员管理、售后管理等全部线下业务流程标准化、规范化。

另一方面,有壹手线上服务平台 y1s.cn 集成网站、微博、微信、移动 APP 等互联网营销方案,为车主提供订单预约、远程监控、会员管理、售后管理等高效便捷的线上服务,进一步提高了服务效率,改善了用户的体验。

整合创新的网络营销和服务平台、严格的门店运营管理体系和优质环保的产品设备,有壹手为数千万中国车主提供高性价比的汽车快修服务,包括:局部车漆快修、车身整形快修、凹陷无痕复原、全车翻新或改色、汽车色彩定制、极美车漆护理、keeper 车漆镀膜、汽车车身及玻璃贴膜等。

有壹手官网首页见图 3-11。

图 3-11　有壹手官网首页

2)商业模式

有壹手选择钣喷快修作为主营业务,主要基于以下认识。

(1)市场足够大。

汽车保险业务中 80% 的赔付都是小刮小蹭。在 4S 店里,这一类小事故不会涉及机修,都可以用快捷的方式解决。做一个简单的估算:北京大约有 500 家 4S 店,假设每个月一家 4S 店的车漆业务做到 50 万元营业额,这 500 家店就有 2.5 亿元的规模。这还不包括北京大量的二类厂、一类厂、街边店,它们承接的车漆业务比 4S 店更多。所以,虽然是一个单品业务,但它的市场很大。

(2)利润足够高。

车漆业务是汽车后市场利润最高的一个板块,物料成本较低。尤其是高端钣喷业务,有足够的利润支撑。后市场商业形态众多,聚焦到钣喷业务的连锁品牌不是没有,但目前还鲜有聚焦到高端钣喷业务的品牌。有壹手一开始计划做 BBAB(奔驰、宝马、奥迪、保时捷四大品牌),所以技术人员的工艺配套都是按照最高标准来做的。运营过程也是如此,客户中,中高端车主比例偏高。

(3)钣喷是4S店的核心业务,也是4S店掌控力最弱的业务。

4S店做机修和维护都涉及原厂件问题,车主对4S店有足够的信赖,原厂件生产商也会偏向保护4S店的利益。但车漆不涉及原厂件问题,大部分欧美车的物料用阿克苏、PPG、杜邦等品牌,日系车用立邦等品牌,和有壹手一样,都是由第三方供应商提供。所有车漆都一样的时候,4S店对喷漆反而就没有那么强的掌控力。

(4)钣喷开店门槛不高。

一套5万元的车漆材料可以修所有车,也可做单品。这类门店易于简单化、标准化和专业化管理,适合复制连锁。

3)核心能力

(1)线下服务标准化。

在划定服务范畴后,创始人周槟开始考虑该以怎样的步骤将线上线下有效整合起来。业内普遍认为,O2O模式是从线上到线下,但周槟看来,从线上到线下的模式更适合电商商品领域。电商商品已经标准化,只需要直接将商品上线让顾客消费即可。服务则不同,还需要在前面增加一个环节,即先在线下完成标准化,才能够上线供顾客购买。

周槟认为,"归根结底,O2O还是要先把线下做好,用互联网方式去改造线下作业流程,形成订单向下、口碑传播向上,再带动新订单向下的循环。"因此,线下服务标准化成为O2O的第一步:想要实现客户直接从网页或移动端就能选定服务产品这一目标,服务一定要标准化到与电商商品一样的程度。同时,服务标准化是"又连又锁"的基础,否则就算总部管控力度再强,各门店也可能因为标准不够明晰、流程不够细致而各行其政。

有壹手主要从以下几个方面将服务标准化:

①价格透明化。有壹手首先将服务划分了大类(如局部车漆快修、钣金整形修复、车身色彩定制、内室清扫及消毒等),在选定了某项服务如局部车漆快修之后,再根据车型(如奥迪A4、别克君越)、车部位(如前翼子板、后保险杠右侧)、工艺(标准工艺、纳米陶瓷工艺、精修工艺)的选择,报出一个大概的价格。这样,用户在到店之前就已经知晓自己所需要服务的大致价格,这大大降低了门店随意加价的可能性。

②质量标准化。在选择原材料时,有壹手选择PPG的产品,以保证服务品质的稳定性,采购由总部统一完成;在工艺上,将钣喷分为底材处理、喷涂、抛光和钣金4个工序,每个工序都必须由技术达到A的人员来完成;为了使客户对有壹手的服务放心,车间墙体都是玻璃透明的,修车的整个过程客户都可以看到;此外,每个车位上方都安装有摄像头,即使客户不能到店,也可以通过移动端进行监控。

③服务流程优化。首先通过线上预约做好时间管理,客户到店以后的等待时间缩短,可以快速上修车位,单部件修理时长不超过三小时;其次,在经过一番测试后,有壹手采取了三

个人管两个工位的模式,这样在保持员工有一定工作负荷的同时达到最快的交车速度。

(2)搭建信息化平台。

信息化平台承担着几大重要职能。首先,在对线下服务进行标准化时,需要信息化平台的全程介入。其次,要实现总部与门店之间的紧密联动,信息化平台是必不可少的。更重要的是,信息化平台是连接线上线下的关键纽带。

有壹手几乎用了一年的时间来打造这个信息化平台。一方面,有壹手自行开发了基于移动互联网技术的SaaS线上平台,帮助门店实现数字化的订单管理、车间管理、绩效管理、会员管理、财务管理,使这些线下业务流程标准化和规范化。

另一方面,该平台还集成网站、微博、微信等,以便为车主提供订单预约、远程监控、上门取车等高效便捷的服务,以此将线上线下的服务运营更顺畅地衔接起来。

有壹手将这个已经基本成熟的平台命名为SDI,基本上覆盖了钣喷中心、4S店和传统维修厂从获得客源,到用户下单,直至完成维修的全过程,所有流程均可由系统协调完成。该系统完全可以为汽车厂商、汽车经销商以及汽车快修连锁企业提供全面的售后服务升级解决方案,助力企业售后服务"互联网+"进程。

目前,已经有多个同行主动了解并购买有壹手的信息化平台,专注于汽车后市场的SaaS模式也获得了资本市场的关注和青睐。

(3)线上借助微信。

在O2O的线上端,有壹手同时在PC网页端和手机移动端布局。由于近年来智能手机发展迅猛,一方面移动端较PC端的使用更加便利,另一方面,由于移动端可以显示地理位置信息,与有壹手提供服务内容更为匹配,因此,移动端是有壹手在线上发力的重点。在移动端,有壹手的战略选择是将服务建立在微信上,而非自己做手机应用APP。

自建APP和使用微信公众号各有利弊。自建APP之后,企业可以掌握更全面的用户数据,实现精准的消息推送,同时,用户基于切身需求使用APP的痕迹明显,对销售业绩的转化率更高。

然而,APP的使用频率较低,若没有买产品或服务的需求,用户很少能用到APP,不利于企业和用户的互动。此外,APP的开发周期比开一个微信公众号要长很多,开发成本和维护成本比开一个微信公众号要高很多。更重要的是,APP上线后要吸引用户关注和下载,这是非常消耗财力的。

在有壹手创始人周槟看来,开微信公众号可以节省上述众多成本,明显划算很多。更重要的是,微信公众号可以帮助导流量,一方面企业通过微信打广告吸引客户的成本相对低廉,另一方面,若有壹手服务做得足够好,微信甚至可能自动为其引导客户。微信的另一个吸引人之处在于其具有支付功能,企业因此可以实现从营销、与用户互动、展示服务到用户选择服务和完成支付的一个闭环。

此外,有壹手还开展了出险直赔与购险续保服务。随着知名度和业务量的提升,有壹手与多家主流保险公司达成深度合作,包括平安、太平洋、人保、阳光等。购买以上保险的用户,可以直接在有壹手进行定损直赔,无须掏一分钱就能完成维修的模式将会吸引更多的客户前来。

配合已有的上门取送、维修直播等服务,有壹手干脆将救援、定损、直赔、维修、交车的全过程打通,进行一条龙服务。这样一来,车主发生剐蹭事故后,无须惊慌,通常只需在手机上操作几步,或者打一个电话,就能完成从定损理赔到维修的全过程。不仅如此,有壹手还提供购险续保的服务。因为卖保险是为了获得新客户和存留老客户,所以有壹手将这部分服务的利润尽可能让出去,提供幅度较大的购险优惠,并赠送钣喷、美容等多项产品。因此,保险业务的增长势头也不容小觑,并且进一步提高了客户进厂维修率。

4) 未来发展规划

在知名度和美誉度都达到一个较好的程度时,扩大规模成为有壹手目前最重要的需求。由于之前的创业教训,创始人周槟并未急于开放加盟,他选择的策略是为有意加盟者做托管,即加盟者只是财务投资,不参与具体的经营,这样既保持了对门店的掌控力度,又减轻了公司自身的资金投入压力,有壹手还能借力财务投资者在当地的资源。总部负责与各门店对接,一起共享线上和线下资源。

未来,有壹手打造的线上平台可以整合更多的线下钣喷店、4S店和主机厂,也会有更多的线下钣喷店愿意加入标准化的连锁里,最终实现"从线下到线上再到线下"的模式:从线下标准化,到线上平台化,再到整合线下行业里的分散店面。整个过程中,第一步是最难做的,有壹手已经打下了很好的基础,因此形成了较好的发展趋势。

本章小结

本章主要内容包括汽车售后服务的基本概念、内容、特点,汽车后市场电子商务的主要商业模式、汽车后市场电商的典型企业案例等。

下列的总体概要覆盖了本章的主要学习内容,可以利用以下线索对所学内容做一次简要的回顾,以便归纳、总结和关联相应的知识点。

1. 汽车售后服务的基本概念、内容

2. 汽车售后服务经营模式

主要介绍了"四位一体"模式和连锁经营模式两种主要的汽车售后服务经营模式。

3. 汽车售后服务的特点

主要介绍了汽车售后服务的特点:服务区域化、服务分工化、服务体系化、服务标准化、服务品牌化。

4. 汽车后市场电子商务的主要商业模式

主要介绍了汽车后市场B2B电商和汽车后市场B2C电商。给出了汽车后市场B2B电商的基本概念,分析了其包含的三要素:买卖、合作和服务,还分析了汽车后市场B2B电商的发展特点。给出了汽车后市场B2C电商的基本概念,详细分析了汽车配件用品B2C电商交易模式和维修维护服务O2O+汽车配件用品B2C商业模式,还分析了汽车后市场B2C电商的发展特点。

5. 汽车后市场电商的典型企业案例

主要介绍了汽车后市场电商的典型企业案例:汽车后市场B2B电商案例——精米商城、汽车后市场B2C电商案例——途虎养车网和汽车后市场O2O电商案例——有壹手,并分别分析了三个典型企业的企业概况、商业模式、核心能力和企业运营。

自测题

一、单项选择题(下列各题的备选答案中,只有一个选项是正确的,请把正确答案的序号填写在括号内)

1. 我国第一个汽车售后管理规范——《汽车售后服务规范》已于 2002 年 9 月 26 日在（ ）开始实施。
   A. 北京　　　　　　　　B. 上海
   C. 深圳　　　　　　　　D. 重庆

2. 汽车售后服务的特点包括:服务区域化、服务分工化、（　　）、服务标准化、服务品牌化。
   A. 服务体系化　　　　　B. 服务全面化
   C. 服务流程化　　　　　D. 服务统一化

3. 汽车售后服务"四位一体"经营模式是指将整车销售、售后服务、（　　）、信息反馈这四大功能整合在一家售后服务提供商内部,由该服务提供商向客户提供系统的售后服务。
   A. 零件供应　　　　　　B. 配件销售
   C. 保险服务　　　　　　D. 事故理赔

二、多项选择题(下列各题的备选答案中,有一个或多个选项是正确的,请把正确答案的序号填写在括号内)

1. 以下项目属于汽车售后服务主要内容的是(　　)。
   A. 汽车质量保障、索赔、维修维护服务
   B. 汽车零部件供给、维修技术培训
   C. 车内装饰或改装、金融服务、事故保险
   D. 索赔咨询、旧车转让、废车回收

2. 汽车后市场 B2B 电商包含的三要素为(　　)。
   A. 买卖　　　B. 合作　　　C. 服务　　　D. 门店

三、简答题

1. 简述汽车后市场 B2B 电商的发展特点。
2. 简述维修维护服务 O2O + 汽车配件用品 B2C 平台电商的商业模式。
3. 简述汽车后市场 B2C 电商典型企业案例"途虎养车"的商业模式。

第4章　汽车物流电子商务

导言

本章主要介绍汽车物流的基本概念、物流系统的组成、物流信息系统的组成和相关概念,物流信息的概念、内容、特征,汽车物流管理的内容和评价等内容。本章的学习内容力求使学生了解汽车物流电子商务的相关内容,掌握目前汽车物流的发展现状、主要业务内容、主要模式和发展特点,可以为日后工作积累一定的专业基本技能。

学习目标

1. 认知目标
(1) 了解汽车物流的相关概念;
(2) 了解我国汽车电子商务物流现状;
(3) 理解电子商务物流运作模式。
2. 技能目标
(1) 具备对我国汽车电子商务物流现状分析的能力;
(2) 具备合理选择和制定电子商务物流运作模式的能力;
(3) 具备对我国电子商务物流现状分析的能力。
3. 情感目标
(1) 初步养成善于总结的习惯;
(2) 营造乐学、善学的学习氛围;
(3) 提高语言表达、沟通交流能力。

4.1　认识汽车物流

汽车物流是汽车生产厂家及经销商的重要经营活动之一。随着汽车生产技术及管理手段的不断提升,汽车生产厂家降低生产成本的手段逐步减少。而在生产之外,采购及物流方面却有很大潜力可挖。因此,通常运用先进的物流管理体系和物流技术来降低经营成本,继控制生产成本之后的又一重要业务手段。

中国汽车产业正在形成供应链体系,如钢厂与汽车厂之间、整车厂与配件厂之间、汽车生产厂与分销商之间正在逐步形成战略合作伙伴关系。支撑这些合作关系的是物流与配送的服务。汽车整车及其零部件的物流配送是各个环节必须衔接得十分顺畅的高技术行业,是国际物流业公认的最复杂、最具专业性的领域。

4.1.1 物流与汽车物流的相关概念

1) 物流

物流是物品从供应地到接收地的实体流动过程。根据实际需要,使运输、储存、装卸、搬运、包装、流通加工、配送及信息处理等基本功能实现有机结合。物流研究的对象是贯穿流通领域和生产领域的一切物料流及相关的信息流。

物流科学作为一门综合学科,借鉴运用了运筹学、技术工程学、系统工程、计算机和网络、项目管理等学科的方法和技术成就,获得了蓬勃的生命力。企业除了资源领域、人力领域两个利润源外,其物流领域的潜力也不可忽视。它被企业重视并作为利润重要来源之一。

物流基本模型见图4-1。

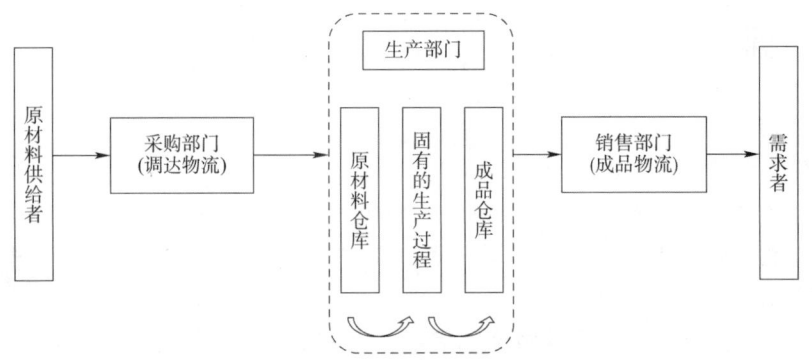

图4-1 物流基本模型

2) 汽车物流

汽车产品由汽车生产企业最终到达消费者手中,不仅要进行汽车所有权的转移,而且要经过订货、运输、仓储、存货等一系列物流管理活动,实现汽车产品实体的空间转移。汽车物流是集现代运输、仓储、保管、搬运、包装、产品流通及物流信息于一体的综合性管理,是沟通原料供应商、生产厂商、批发商、零件商、物流公司并使最终用户满意的桥梁,实现了商品从生产到消费各个流通环节的有机结合。

对汽车企业来说,汽车物流包括生产计划制订、采购订单下放及跟踪、物料清单维护、供应商的管理、运输管理、进出口货物的接收、仓储管理、发料及在制品的管理和生产线的物料管理、整车的发运等。物流管理的职能是将汽车产品由其生产地转移到消费地,从而消除时间和空间差距,创造时间效用和地点效用。

汽车物流提供整合的服务和理念,它将以往独立的采购、生产、运输、信息反馈等环节综合起来,从全局化的角度出发来看,可以为汽车企业节约成本,从而降低汽车的终端市场价格。如果汽车物流运作效率低下,汽车产品的比较优势则不复存在。因此,高效的汽车现代物流代表着一种新的竞争优势。物流管理对汽车行业具有非同寻常的重要性。

物流系统见图4-2。

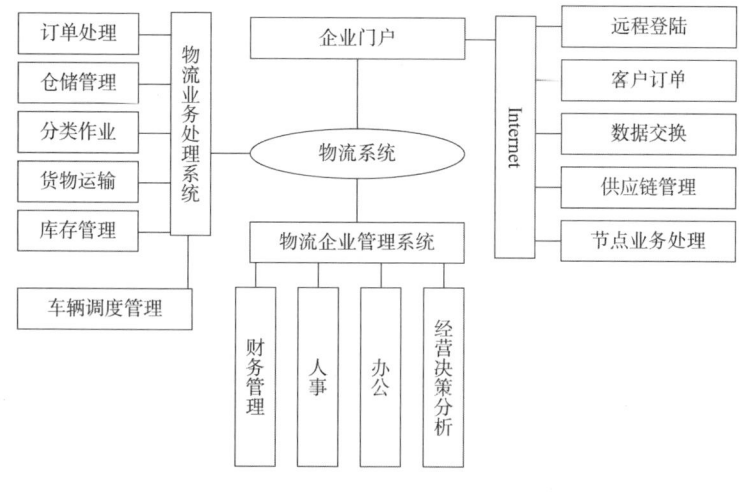

图 4-2 物流系统

3) 现代物流

现代物流是指将信息、运输、仓储、库存、装卸搬运以及包装等物流活动综合起来的一种新型的集成式管理。其任务是尽可能降低物流的总成本,为顾客提供最好的服务。我国许多专家学者则认为:"现代"物流是根据客户的需求,以最经济的费用,将物流从供给地向需求地转移的过程。它主要包括运输、储存、加工、包装、装卸、配送和信息处理等活动。

现代物流服务的核心目标是:在物流全过程中以最小的综合成本来满足顾客的需求。其具有及时化、信息化、自动化、智能化、服务化和网络化等特征。

与传统的物流业务相比,现代物流服务最主要的优势体现在依靠对物流信息的科学运用和管理,通过系列化的先进的物流技术支撑,实现信息化与智能化的物流服务操作与管理,集储存保管、集散转运、流通加工、商品配送、信息传递、代购代销、连带服务等多功能于一体。要求汽车企业、企业物流信息及信息系统,必须与现代物流服务工作的要求相匹配。

现代汽车物流体系的重要技术之一就是信息网络技术,也是提高汽车物流服务效率的重要技术保障。汽车制造业应积极利用 EDI、互联网等技术,通过网络平台和信息技术将企业经营网点连接起来,这样既可以优化企业内部资源配置,又可以通过网络与消费者、制造商、供应商及相关企业连接,实现资源共享、信息共用,对汽车物流各环节进行技术实时跟踪、有效控制与全程管理,降低整个供应链上的库存浪费,以信息来取代库存。同时也要加快汽车物流与电子商务的融合,一方面汽车物流要成为电子商务的一部分,另一方面,汽车物流业要积极运用电子商务,实现电子化的汽车物流。

4.1.2 汽车物流电子商务

1) 我国汽车物流电子商务现状

随着汽车业竞争加剧,汽车产品大幅度调价已是大势所趋。我国汽车价格多次进行了下调,涉及上百个品种,降价区域主要集中在乘用车等普及型车辆上。从汽车制造商的角度来看,降低生产成本的要求就显得越来越迫切,而我国的整车厂商,在原材料、人力成本上已难有大的压缩空间,物流却是一个可以优化成本的环节。目前,我国汽车生产企业的物流成本占销售额的比例,与欧美国家、日本汽车制造企业相比普遍偏高。由此可见,我国汽车生产商从物流环节降低成本还有很大的空间。汽车物流业已成为国内外汽车产业发展的重点,我国汽车物流成本占汽车工业总产值的比重加大,全国汽车物流产值也有所增加。

发达国家物流技术比较先进,物流服务商通过一套集成的IT系统把供应商、生产商、分销商、零售商、消费者、运输商、仓储商及物流业务参与者紧密联系起来,实现了整个供应链效益的最大化。同时,又可以根据消费者的具体要求,开发符合消费者运作要求的个性化、菜单式的物流软件服务包。其中以美国、日本、欧洲等发达国家汽车物流业水平较为突出。

我国大部分物流企业管理模式落后,效率较低。我国虽然有专业的汽车仓储和运输企业,但大部分汽车物流企业依旧侧重于整车物流,较为落后的管理方式很难承担有几万种零配件的汽车一体化物流。由于缺乏专业的零配件物流服务商,我国的汽车零部件供应企业只好建立自己的物流体系,使用自有或租用社会运输工具、仓库。这种小而全的物流体系建设,难免出现重复建设、浪费投资和资源利用率不足的现象。在信息数据处理方面,由于信息系统不够完善而使库存管理成本升高。目前,许多汽车生产厂的库房仍采用人工信息管理的方式,这不仅需要较高的人工成本,同时由于信息的实时性差、供应链流程时间长而导致的急件空运,也是我国汽车物流成本居高不下的一个重要原因。

与发达国家相比,我国汽车物流制造业的信息化水平仍然很低。销售预测、生产计划、采购计划、物料筹措、物流跟踪和仓库管理等方面的计算机管理系统不够完善,准确率低,与供应商和第三方物流公司之间的接口更是有待完善。

全球汽车市场的竞争不断加剧、消费者需求更加多样化、市场环境的不可预测性增加、汽车制造企业迫切希望通过强化汽车物流管理来提升自身的竞争能力,它们期望将零配件物流业务,包括从入厂到售后、从运输到仓储整合在一起,优化物流流程,降低物流成本。

汽车企业急需一个完整的信息系统来对存货管理、产品规划和条形码管理等采取相应措施。便捷地获取未调度订单、在途商品、未结算订单、运输公司负荷情况、运输工具使用情况、质损订单以及库存状况等信息。在我国,除了少数企已经使用信息系统外,汽车物流信息化应用水平总体还处于基础阶段。企业间的数据交换和交流,除了极少数企业应用了EDI系统,更多的企业还在用传真加电话的传统方式进行。数据交换、商业合同等多以纸质为主,辅以E-mail进行。

汽车消费需求的迅速增长,带动了汽车产量的快速增长,而汽车市场的迅速扩大也拉动了汽车物流行业的迅速发展,为我国汽车物流行业的迅速发展提供了机遇和挑战。由于汽车产业的高速发展和我国汽车物流业的发展差距,迫切需要提高汽车物流的电子商务技术水平。

2)汽车物流的电子商务功能

为了适应汽车企业对物流信息管理的要求,实现对于物流业务的及时化、信息化、智能化和网络化操作,汽车企业的物流信息系统必须对以下几个功能进行有效的整合与集成,建立相互之间的信息交换与传递,建立相应的功能链接,从而实现对于物流业务的统筹运作与科学管理。

(1)需求管理功能。

需求管理功能,也可称为客户管理系统,其职能是收集客户需求信息、记录客户购买信息、进行销售分析和预测、管理销售价格、处理应收货款及退款等。通过对客户资料进行全方位、多层次的管理,使汽车企业与经销商以及客户之间实现流通机能的整合、信息分享、收益及风险共享,从而在供应链管理模式发展下实现跨企业界限的整合。

(2)采购管理功能。

采购管理功能是指汽车物流具备向汽车零配件厂商发出订购信息和进货验收、供货商管理、采购决策、存货控制、采购价格管理、应付账款管理等信息的管理系统;同时该系统可与客户管理系统建立功能链接。

(3)仓库管理功能。

仓库管理功能包括储存管理、进出货管理、机械设备管理、分拣处理、流通加工、出货配送管理、货物追踪管理、运输调度计划和分配计划等内容信息的处理,同时与客户管理系统建立链接。该系统可以对所有即不同地域、不同属性、不同规格、不同成本的仓库资源实现集中管理。采用先进的物流技术设备,对出入仓库的货物自动进行管理,如自动登录、存量检索、容积计算、仓位分配、损毁登记等,自动生成状态报告,并向系统提交图形化的仓储状态。

(4)财务管理和结算功能。

财务管理系统主要是对销售管理系统和采购系统传送来的应付、应收账款进行会计操作,同时对配送中心的整个业务与资金进行平衡、测算和分析,编制各业务经营财务报表,并与银行金融系统联网进行转账。同时,结合成熟的财务管理理论,针对物流企业财务管理的特点,根据财务活动的历史资料进行财务决策,然后运用科学的技术手段、有关信息、特定手段和方法进行财务预算、财务控制,并进行财务分析。结算功能主要是充分利用现有的业务信息管理系统和计算机处理能力,以达到自动为客户提供各类业务费用信息、大幅度降低结算业务工作量、提高结算业务的准确性和及时性等目的,为汽车企业的自动结算提供一套完整的解决方案。

(5)配送管理功能。

配送管理功能的目的是最大限度地降低物流成本、提高运作效率,按照实时配送原则,在多购买商并存的环境中,通过在购买商和各自的供应商之间建立实时的双向链接,构筑一条顺畅、高效的物流通道,为购买、供应双方提供高度集中的、功能完善的和不同模式的配送信息服务。

(6)物流分析功能。

通过应用 GIS 技术与运筹决策模型,完善物流分析技术。通过建立各类物流运筹分析模型来实现对物流业务的互动分析,提供物流一体化运作的合理解决方案,以实现与网络伙伴的协同资源规划。

(7)决策支持功能。

通过建立决策支持系统,及时地掌握商流、物流、资金流和信息流所产生的信息并加以科学地利用,在数据仓库技术、运筹学模型的基础上,通过数据挖掘工具对历史数据进行多角度、立体的分析,实现对企业中的人力、物力、财力、客户、市场、信息等各种资源的综合管理,为企业管理、客户管理、市场管理和资金管理等提供科学决策的依据,从而提高配送中心的管理层决策的准确性和合理性。物流中心的信息系统必须是一个对于各类管理系统的有机整合与集成,在各类管理系统之间建立相应功能的链接,从而实现对于各类信息的交换与传递。

4.1.3　汽车物流电子商务中应用的相关技术

1)条码系统

(1)条码概念。

在流通和物流活动中,为了能迅速、准确地识别商品,自动读取有关商品信息,条码技术被广泛应用。条码(Bar Code)是用一组数字来表示商品的信息,是目前国际上物流管理中普遍采用的一种技术手段。条码技术对提高库存管理的效率是非常显著的,是实现库存管理电子化的重要工具手段,使对库存的控制可以延伸到销售商的 POS 系统,实现库存的供应链网络化控制。

条码是有关生产厂家、批发商、零售商、运输业者等经济主体进行订货和接受订货、销售、运输、保管、出入库检验等活动的信息源。条码是表示 ID 代码的一种图形符号,是对 ID 代码进行自动识别且将数据自动输入计算机的方法和手段。条码技术的应用解决了数据录入与数据采集的"瓶颈",为物流管理提供了有力支持。

条码是由一组规则排列的条、空及其对应字符组成的标记,用以表示一定的信息[《条码术语》(GB/T 12905—2000)]。条码由若干个黑色的"条"和白色的"空"所组成,其中,黑色条对光的反射率低而白色的空对光的反射率高,再加上条与空的宽度不同,就能使扫描光线产生不同的反射接收效果,在光电转换设备上转换成不同的电脉冲,形成了可以传输的电子信息。由于光的运动速度极快,所以能准确无误地对运动中的条码予以识别。

在流通和物流活动中,为了能够迅速准确地识别商品,自动读取有关商品的信息,条码技术被广泛运用。由于在活动发生时点能及时自动读取信息,因此便于及时捕捉到消费者的需要,提高商品销售效果,也有利于促进物流系统提高效率。

(2)条码类别。

条码可分为一维条码和二维条码,一维条码按照应用可分为商品条码和物流条码,二维条码可分为两类:行排式二维条码和矩阵式二维条码。

①商品条码。

商品条码(Bar Code for Commodity)是由国际物品编码协会(EAN)和统一代码委员会(UCC)规定的,用于表示商品标识代码的条码,包括 EAN 商品条码(EAN-13 商品条码和 EAN-8 商品条码)和 UPC 商品条码(UPC-A 商品条码和 UPC-E 商品条码)。国际物品编码协会(EAN)和统一代码委员会(UCC)已经规定从 2005 年 1 月 1 日起,全球范围内统一以 EAN/UCC-13 作为代码标识。下面主要介绍 EAN 商品条码。

EAN 商品条码是国际上通用的、企业最常用的商品代码。EAN 商品条码主要由 13 位数字及相应的条码符号组成,在较小的商品上也采用 8 位数字码及其相应的条码符号。

a. 前缀码 2-3。

b. 厂商识别代码。厂商识别代码由 7~9 位数字组成,由中国物品编码中心负责分配和管理。

c. 商品项目代码。商品项目代码由 3~5 位数字组成,由厂商自己负责编制。由于厂商识别代码是由中国物品编码中心统一分配、注册,因此,在使用同一厂商识别代码的前提下,厂商必须确保每个商品项目代码的唯一性。厂商在编制商品项目代码时,产品的基本特征不同,其商品项目代码不同,具体要求见"编码原则"。

d. 校验码。校验码为一位数字,该值由制作条码原版胶片或直接打印条码符号的设备自动生成。

② 物流条码。

物流条码包括 25 码、39 码、交插 25 码、EAN-128 码、库德巴(Codabar)、ITF 码等。

a. 25 条码。25 条码是一种只有条表示信息的非连续型条码。每一个条码字符由规则排列的 5 个条组成,其中有两个条为宽单元,其余的条和空,以及字符间隔是窄单元,故称之为"25 条码"。

25 条码的字符集为数字字符 0~9。

b. 39 条码(Code 39)。39 条码是一种条、空均表示信息的非连续型、非定长,具有自校验功能的双向条码。

c. 交插 25 条码。1997 年我国也研究制定了交插 25 条码标准(GB/T 16829—1997),主要应用于运输、仓储、工业生产线、图书情报等领域的自动识别管理。

d. EAN-128 码。EAN-128 码是 128 码的一个子集。1989 年,EAN 与 UCC 共同合作开发的码制,广泛应用于物流领域。

(3) 条码识别采用的各种光电扫描设备。

① 光笔扫描器,似笔形的手持小型扫描器。

② 台式扫描器,固定的扫描装置,手持带有条码的物品在扫描器上移动。

③ 手持式扫描器,能手持和移动使用的较大的扫描器,用于静态物品扫描。

④ 固定式光电及激光快速扫描器,是现在物流领域应用较多的固定式扫描设备。

各种扫描设备都和后续的光电转换、信息信号放大及与计算机联机形成完整的扫描阅读系统,完成电子信息的采集。

(4) 条码在物流中的应用。

由条码与扫描设备构成的自动识别技术在物流管理中有很多好处。对托运人来说,它能改进订货准备和处理,排除航运差错,减少劳动时间,改进记录保存,减少实际存货时间。对承运人来说,它能保持运费账单信息完整,顾客能存取实时信息,改进顾客装运活动的记录保存,可跟踪装运活动,简化集装箱处理,监督车辆内的不相容产品,减少信息传输时间。对仓储管理来说,它能改进订货准备,处理和装置,提供精确的存货控制,顾客能存取实时信息,考虑安全存取信息,减少劳动成本,入库数精确。对批发商和零售商来说,它能保证单位存货精确,销售点价格精确,减少实际时间,增加系统灵活性。

目前条码和扫描技术在物流方面主要有两大应用。第一种应用于零售商店的销售点(POS 系统)。除了在 POS 机上给顾客打印收据外,在零售销售点应用是在商店层次提供精确的存货控制。销售点可以精确地跟踪每一个库存单位出售数,有助于补充订货,因为实际的单位销售数能够迅速地传输到供应商处。实际销售跟踪可以减少不确定性,并可去除缓冲存货。除了提供精确的再供给和营销调查数据外,销售点还能向所有的渠道内成员提供更及时的具有战略意义的数据。第二种应用是针对物料搬运和跟踪的。通过扫描枪的使用,物料搬运人员能够跟踪产品的搬运、储存地点、装船和入库。虽然这种信息能够用手工跟踪,但却要耗费大量的时间,并容易出错。因此,在物流应用中更广泛使用的是扫描仪,以便提高作业效率,减少差错。

2)电子数据交换系统(EDI)

(1)EDI系统的概念。

EDI(Electronic Data Interchange)即电子数据交换,是指通过电子方式,采用标准化的格式,利用计算机网络进行结构化数据的传输和交换。EDI技术的应用,减少了制造企业的库存量及生产待料时间,使分销零售业实现产、存、运、销一体化的管理,从而加速资金周转,提高运营效率。汽车物流中心一般由进货区、加工区、出货区、全自动立体仓库、先进的质量检测和电子数据交换监控系统几部分构成,在承担汽车配送零部件任务时,能够实现汽车零部件物流的高效配送。

EDI包含了三个方面的内容,即计算机应用、通信网络和数据标准化(图4-3)。

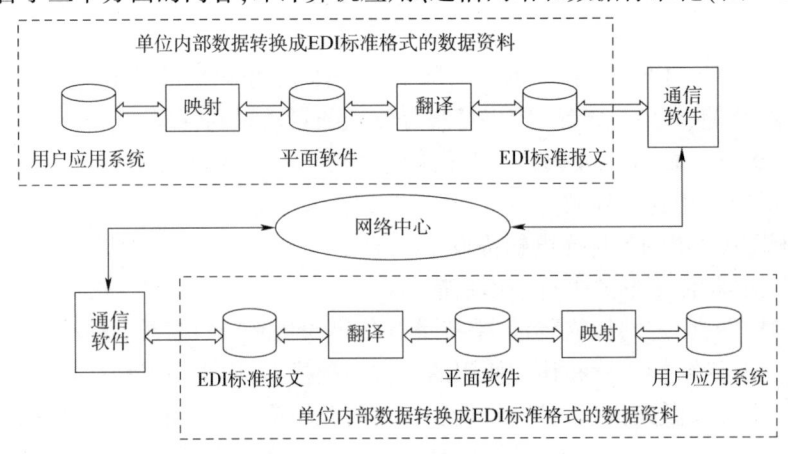

图4-3　EDI系统

(2)物流管理中EDI的构成。

构成EDI系统的三个要素是EDI软件和硬件、通信网络以及数据标准化。EDI是为了实现商业文件、单证的互通和自动处理,采用的是不同于人机对话方式的交互式处理,而是计算机之间的自动应答和自动处理,因此文件结构、格式、语法规则等方面的标准化是实现EDI的关键。世界各国开发EDI得出一条重要经验,就是必须把EDI标准放在首要位置。EDI标准主要分为几个方面:基础标准、代码标准、报文标准、单证标准、管理标准、应用标准、通信标准、安全保密标准。

(3)物流管理中EDI的一般流程。

物流管理中的EDI的一般流程为:发送货物业主(如生产厂家)在接到订货后制订货物运送计划,并把运送货物的清单及运送时间安排等信息通过EDI发送给物流运输业主和接收货物业主(如零售商),以便物流运输业主预先制订车辆调配计划和接收货物业主制订货物接收计划。

随后发送货物业主依据顾客订货的要求和货物运送计划下达发货指令,分拣配货,打印出物流条形码的货物标签并贴在货物包装箱上,同时把运送货物品种、数量、包装等信息通过 EDI 发送给物流运输业主和接收货物业主,据此请示下达车辆调配指令。

然后,物流运输业主在向发货货物业主取运货物时,利用车载扫描读数仪读取货物标签的物流条形码,并与先前收到的货物运输数据进行核对,确认运送货物。物流运输业主在物流中心对货物进行整理、集装,做成送货清单并通过 EDI 向收货业主发送发货信息,在货物运送的同时进行货物跟踪管理,并在货物交给收货业主之后,通过 EDI 向发货物业主发送完成运送业务信息和运费请示信息。

最后收货业主在货物到达时,利用扫描读数仪读取货物标签的物流条形码,并与先前收到的货物运输数据进行核对确认,开出收货发票,货物入库;同时通过 EDI 向物流运输业主和发送货物业主发送收货确认信息。

在物流管理中,运用 EDI 系统的优点在于供应链组成各方基于标准化的信息格式和处理方法,通过 EDI 共同分享信息,提高流通效率,降低物流成本。

EDI 对于组织供应链的意义表现为:在不必连续接触的情况下,EDI 能加强组织内部的协调。

3)电子自动订货系统(EOS)

(1)电子自动订货系统的概念及分类。

EOS(Electronic Ordering System)即电子订货系统,是指不同组织间利用通信网络和终端设备以在线联结方式进行订货作业与订货信息交换的体系。

EOS 按应用范围可分为三类:企业内的 EOS(如连锁店经营中各个连锁分店与总部之间建立的 EOS 系统)、零售商与批发商之间的 EOS 系统,以及零售商、批发商和生产商之间的 EOS 系统。

(2)电子订货系统(EOS)的基本流程。

①在零售店的终端用条码阅读器获取准备采购的商品条码,并在终端机上输入订货材料,利用网络传到批发商的计算机中。

②批发商开出提货传票,并根据传票,同时开出拣货单,实施拣货,然后依据送货传票进行商品发货。

③送货传票上的资料便成为零售商的应付账款资料及批发商的应收账款资料。

④将送货传票上的资料接到应收账款的系统中去。

⑤零售商对送到的货物进行检验后,便可以陈列与销售。

(3)EOS 与物流管理。

物流作业流程将供货商发运作业过程中的业务往来划分成以下几个步骤:

①供货商根据采购合同要求将发货单通过商业增值网络中心发给仓储中心。

②仓储中心对接收到商业增值网络中心传来的发货单进行综合处理,或要求供货商送货至仓储中心或发送至批发、零售商场。

③仓储中心将送货要求发送给供货商。

④供货商根据接收到的送货要求进行综合处理,然后根据送货要求将货物送至指定地点。

上述几个步骤完成了一个基本的物流作业流程。通过这个流程,将物流与信息流牢牢地结合在一起。

4)全球定位系统(GPS)

(1)全球定位系统的概念。

GPS(Global Positioning System)即全球定位系统,是指具有在海、陆、空进行全方位实时三维导航与定位能力的系统。

(2)GPS系统在物流领域的应用。

①用于汽车自定位,跟踪调度。

日本车载导航系统的市场在1995—2000年间平均每年增长35%以上,全世界在车辆导航上的投资平均每年增长60.8%。因此,车辆导航将成为未来全球卫星定位系统应用的主要领域之一,我国已有数十家公司在开发和销售车载导航系统。

②用于铁路运输管理。

我国铁路开发的基于GPS的计算机管理信息系统,可以通过GPS和计算机网络实时收集全路列车、机车、车辆、集装箱及所运货物的动态信息,可实现列车、货物追踪管理。只要知道货车的车种、车型、车号等信息,就可以立即从近10万公里的铁路网上流动着的几十万辆货车中找到该货车,还能得知这辆货车现在何处运行或停在何处,以及所有的车载货物发货信息。

铁路部门运用GPS技术可大大提高其路网及其运营的透明度,为货主提供更高质量的服务。

③用于军事物流。

全球卫星定位系统最初是因为军事目的而建立的,在军事物流中,如后勤装备的保障等方面,应用相当普遍。在海湾战争中,全球卫星定位系统发挥了较大的作用。在我国的军事和国防建设中,已经开始重视和应用全球卫星定位系统,随着全球卫星定位系统在军事物流方面的全面应用,国防后勤装备的保障将更加可靠。

5)射频识别技术

射频识别技术(RFID)是无线电技术在自动识别领域的应用(图4-4)。它是一种非接触式的自动识别技术,可在各种恶劣环境下工作,在汽车物流中将取代条形码技术,成为汽车物品标识的最有效方式。其工作原理的优点如下:

(1)数据读取方便快捷,读取无须淘汰,甚至可透过外包装进行。

(2)识别速度快,标签只要进入磁场,解读器就可即时读取其中的信息,并能同时处理多个标签,实现批量识别。

(3)有效识别距离范围大。

(4)数据容量大,RFID标签可根据用户的需要扩充。

(5)应用范围广,使用寿命长,可应用于粉尘、油污等恶劣环境,写入数据时间短。

(6)更好的安全性,可以嵌入或附着在不同形状、类型的产品上,且可为标签数据的读写设置密码保护。

标签与解读器能进行动态实时通信,只要RFID标签所附着的物体出现在解读器的有效识别范围内就可以对其位置进行动态的追踪和监控。

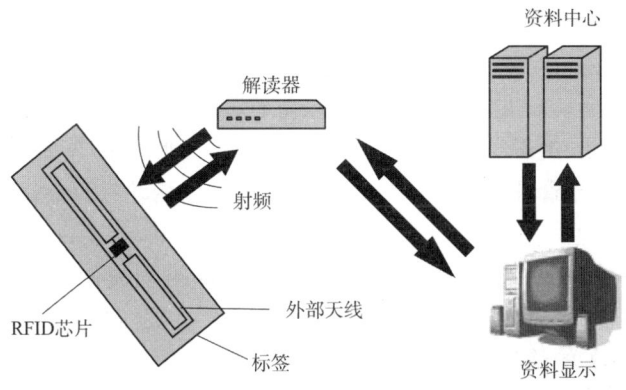

图 4-4 射频识别技术

虽然 RFID 技术的用途非常广泛,但供应链与物流管理被认为是 RFID 技术最大的舞台。信息的准确性和及时性是供应链与物流管理的关键,要想提高供应链管理的效率,必须使链上的成员及时获得各业务环节的运行信息,如图 4-4 所示。RFID 技术可以实现对所有供应链上的环节(从商品设计、原材料采购、半成品与成品的生产、运输、仓储、配送,一直到销售,甚至退货处理和售后服务等)进行实时监控,准确并随时获得各类产品的生产商、生产时间、地点、颜色、尺寸、数量、到达地和接收者等相关信息,较好地满足供应链对信息获取和处理的需求,极大地提高自动化程度,大幅降低差错率,显著提高供应链的透明度和管理效率。

4.2 汽车企业物流网络信息管理

4.2.1 物流信息系统概述

1)物流信息的基本概念

物流信息是反映物流各种活动内容的知识、资料、图像、数据和文件的总称。物流信息是物流活动中各个环节生成的信息,一般是随着从生产到消费的物流活动的产生而产生的信息流,与物流过程中的运输、保管、装卸、包装等各种功能有机结合在一起,是整个物流活动顺利进行所不可缺少的物流资源。

现代物流的重要特征是物流的信息化,现代物流也可看作是物资实体流通与信息流通的结合。在现代物流运作过程中,通过使用计算机技术、通信技术、网络技术等技术手段,大大加快了物流信息的处理和传递速度,从而使物流活动的效率和快速反应能力得到提高。建立和完善物流信息系统,对于构筑物流系统,开展现代物流活动是极其重要的一项工作内容。物流信息在物流系统中,既如同其他物流功能一样,表现为其子系统,但又不同于其他物流功能,它总是伴随其他物流功能的运行而产生,又不断对其他物流以及整个物流起支持保障作用。

2)物流信息的内容

物流信息包括物流系统内信息和物流系统外信息两部分。

(1)物流系统内信息。

物流系统内信息是指与物流活动(如运输、保管、包装、装卸、配送、流通加工等)有关的信息。它是伴随物流活动而发生的。在物流活动的管理与决策中,如运输工具的选择、运输线路的确定、在途货物的追踪、仓库的有效利用、订单管理等,都需要详细和准确的物流信息,因为物流信息对运输管理、库存管理、订单管理等物流活动具有支持保证的功能。

(2)物流系统外信息。

物流系统外信息是在物流活动以外发生的,但提供给物流使用的信息,包括供货人信息、顾客信息、订货合同信息、交通运输信息、市场信息、政策信息,还有来自企业内生产、财务等部门的与物流有关的信息。

3)物流信息的功能

物流信息系统是把各种物流活动与某个一体化过程连接在一起的通道。一体化过程建立在这几个功能层次上:交易、管理控制、决策分析,以及制定战略计划系统。

第一层次是交易,物流信息的功能体现在各层次上的物流活动和决策中。正如同金字塔形状,物流信息管理系统管理控制,决策分析以及战略计划的制定需要以强大的交易系统为基础。

交易系统是用于启动和记录个别的物流活动的最基本的层次。交易活动包括记录订货内容、安排存货任务、作业程序选择、装船、定价、开发票以及消费者查询等。例如,当收到的消费者订单进入信息系统时,就开始了一笔交易。随着按订单安排存货,记录订货内容意味着开始了第二笔交易。随后产生的第三笔交易是指导材料管理人员选择作业程序。第四笔交易是指挥搬运、装货,以及按订单交货。最后一笔交易是打印和传送付款发票。这个过程中,当消费者需要时必能获得订货状况信息,整个过程通过一系列信息系统交易就完成了消费者订货功能的循环。交易系统的特征是:格式规则化、通信交互化、交易批量化以及作业逐日化。结构上的各种过程和大批量的交易相结合主要强调了信息系统的效率。

第二层次是管理控制,要求把主要精力集中在功能衡量和报告上。功能衡量对于提供有关服务水平和资源利用等的管理反馈来说是必要的。因此,管理控制以可估价的、策略上的、中期的焦点问题为特征,它涉及评价过去的功能和鉴别各种可选方案。

当物流信息系统有必要报告过去的物流系统功能时,物流信息系统是否能够在其处理的过程中鉴别出异常情况也是很重要的。管理控制的例外信息对于鉴别潜在的客户或订货问题是很有用的。例如,有超前活动的物流信息系统应该有能力根据预测的需求和预期的入库数来预测未来存货短缺情况。

某些管理控制的衡量方法,诸如成本,有非常明确的定义,而另一些衡量方法,诸如客户服务,则缺乏明确的含义。例如,客户服务可以从内部(从企业角度)或从外部(从客户的角度)来衡量。内部衡量相对比较容易跟踪,然而,外部衡量却难以得到,因为它们要求的是建立在对每一个客户监督的基础上的。

第三层次是决策分析,主要把精力集中在决策应用上,协助管理人员鉴别、评估、比较物流战略和策略上的可选方案。典型分析包括车辆日常工作和计划、存货管理、设施选址,以及有关作业比较和安排的成本——收益分析。对于决策分析,物流信息系统必须包括数据库维护、建模和分析,以及范围很广的潜在可选方案的报告构件。与管理控制层次相同的是,决策分析也以策略上的和可估价的焦点问题为特征。与管理控制不同的是,决策分析的主要精力集中在评估未来策略上的可选方案,并且它需要相对松散的结构和灵活性,以便作范围很广的选择。因此,用户需要有更多的专业知识和培训去利用它的能力。既然决策分析的应用要比交易应用少,那么物流信息系统的决策分析趋向于更多地强调有效(针对无利可图的账目,鉴别出有利可图的品目),而不是强调效率(利用更少的人力资源实现更快的处理或增加交易量)。

最后一个层次是制定战略计划,主要精力集中在信息支持上,以期开发和提炼物流战略。这类决策往往是决策分析层次的延伸,但是通常更加抽象、松散,并且注重于长期。作为战略计划的例子,决策中包括通过战略联盟使协作成为可能、厂商的能力和市场机会的开发和提炼,以及顾客对改进的服务所做的反应。物流信息系统的制定战略计划层次,必须把较低层次的数据结合进范围很广的交易计划中去,以及结合进有助于评估各种战略的概率和损益的决策模型中去。

4) 物流信息的特征

物流信息与其他信息相比具有以下特征:

(1) 信息量大。

物流信息随着物流活动以及商品交易活动展开而大量发生,多品种少批量生产和多频度小数量配送使库存、运输等物流活动的信息大量增加。零售商广泛应用 POS 系统读取销售时点的商品价格、品种、数量等即时销售信息,并对这些销售信息加工整理,通过 EDI 向相关企业传送。同时,为了使库存补充作业合理化,许多企业采用 EOS。随着企业间合作倾向的增强和信息技术的发展,物流信息的信息量在今后将会越来越大。

(2) 更新快。

多品种少量生产,多频度小数量配送,利用 POS 机的及时销售使得各种作业活动频繁发生,从而要求物流信息不断更新,而且更新的速度越来越快。

(3) 来源多样化。

物流信息不仅包括企业内部的物流信息(如生产信息、库存信息等),而且包括企业间的物流信息和与物流活动有关的基础设施的信息。企业竞争优势的获得需要供应链各参与企业之间相互协调合作。协调合作的手段之一是信息及时交换和共享。现在,越来越多的企业力图使物流信息标准化和格式化,并利用 EDI 在相关企业间进行传送,实现信息共享。

5) 物流信息系统

物流信息系统是企业管理信息系统的一个重要子系统,是通过对与企业物流相关的信息进行加工处理来实现对物流的有效控制和管理的,并为物流管理人员及其他企业管理人员提供战略及运作决策支持的人机系统。

物流信息系统管理两类活动流中的信息:调控活动流和物流运作活动流。调控活动流程是整个物流信息系统构架的支柱。

物流信息系统是把物流和物流信息结合成一个有机的系统,用各种方式选择收集输入物流计划的、业务的、统计的各种有关数据,经过有针对性、有目的的计算机处理,即根据管理工作的要求,采用特定的计算机技术,对原始数据处理后输出对管理工作有用的信息的一种系统。

从物流信息系统来说,信息和物流是同时进行的,其关键是两者内容相一致。为此,必须信息先行。信息跟不上,就什么都谈不上。

物流信息系统所要解决的问题:

(1)缩短从接受订货到发货的时间。

(2)库存适量化(压缩库存并防止脱销)。

(3)提高搬运作业效率。

(4)提高运输效率。

(5)使接受订货和发出订货更为省力。

(6)提高接受订货和发出订货精度。

(7)防止发货、配货出现差错。

(8)调整需求和供给。

6)建立物流信息系统的意义

现代物流管理以信息为基础,因而建立物流信息系统越来越具有战略意义:

(1)在企业日益重视经营战略的情况下,建立物流信息系统是必要的、不可缺少的。具体来说,为确保物流竞争优势,建立将企业内部的销售信息系统、物流信息系统、生产供应信息综合起来的信息系统势在必行。

(2)由于信息化的发展,各企业之间的关系日益紧密。如何与企业外部销售渠道的信息系统、采购系统中的信息系统,以及运输信息系统连接起来,将成为今后重点研究解决的课题。

(3)企业物流已经不只是一个企业的问题,进入社会系统的部分将日益增多。在这种形势下,物流信息系统将日益成为社会信息系统的一个重要组成部分。

7)物流信息系统的主要功能模块

(1)物流作业管理子系统(订单处理、采购订货、进货系统、库存系统、出货系统、配送系统)。

(2)运输工具系统(运输工具识别系统、货物数据采集系统)。

(3)现场子系统(现场设备管理、现场收费管理、停车管理系统、营运货物检查系统)。

(4)用户子系统(信息查询系统、需方信息查询、供方信息查询)。

(5)其他作业管理子系统(车队与货运管理系统、车辆收费管理系统、银行结算系统、海关保关系统等)。

8)物流信息系统的作业管理

(1)订单管理信息系统(服务展示、服务选择、服务下单、订单审核、签订合同、任务分解、订单查询)。

(2)库存管理信息系统(账务管理、库存统计、代码与货位、盘点、退领料管理、退送货管理、数据备份)。

(3)运输管理(发车、调度、合同管理、客户服务、档案管理)。

(4)配送管理系统(入库、接单、验货、备货、存储、加工、送货)。

4.2.2 汽车企业物流管理

1）汽车物流一体化信息管理系统

汽车物流一体化信息管理系统由数据库系统和计算机网络系统两个子系统组成。其系统模型如图 4-5 所示。

其中，数据库子系统中的零部件物流管理分系统又包括：订单管理子系统、仓储管理子系统、配送管理子系统、核算管理子系统、查询管理子系统、系统管理子系统。其系统模型如图 4-6 所示。

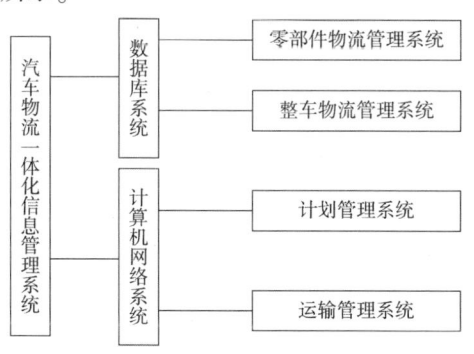

图 4-5　汽车物流一体化信息管理系统模型　　图 4-6　零部件物流管理分系统模型

数据库子系统中的整车物流管理分系统又包括：总厂库存物流管理、中转库存物流管理、第三方物流管理、车辆状态跟踪管理。其系统模型如图 4-7 所示。

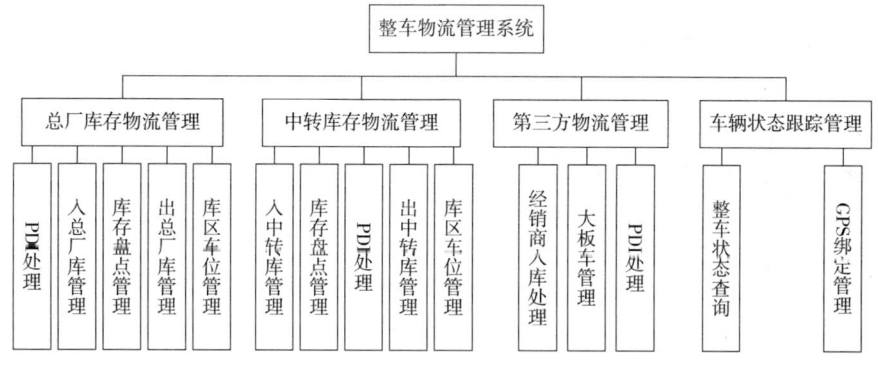

图 4-7　整车物流管理分系统模型

2）汽车物流管理

根据汽车物流管理的特点，其大体可分为物流业务管理和技术管理两大方面。

（1）物流的业务管理。

物流的业务管理是指对有关物流的业务活动进行的管理，主要包括以下内容：

①物流的计划管理；

②调整物流关系；

③物流经济活动管理；

④物流的系统管理；

⑤物流的人才管理。
(2)物流技术管理。
物流技术管理是指对物流活动中的技术问题进行科学研究、技术服务的管理。
①物流硬技术及其管理。
各种机械设备、运输工具、仓库建筑、战场设施以及服务于物流的电子计算机、通信网络设备等。20世纪70年代中期以前,物流活动是以硬技术为主导,我国从20世纪60年代末、70年代初加强了对物流硬件技术的科研工作。
②物流软技术及管理。
物流软技术及管理指各种物流设备的最合理的调配和使用,集中体现在用先进的科学技术。
3)汽车物流管理评价
(1)物流评价的分类。
①按照对物流评价的范围不同,物流评价可分为专门性评价和综合性评价。
专门性评价是指对物流活动中的某一方面或某一具体活动作出的分析,如仓储中的物资吞吐量完成情况,运输中的吨公里完成情况、物流中的设备完好情况等。
物流的综合性评价是对物流活动在某一物流管理部门或机构内全面衡量物流管理水平的综合性分析,如某仓库的全员劳动生产率、某运输部门的运输成本、某部门对物流各环节的综合性分析等。
②按照物流各部门之间的关系,物流评价又可分为物流纵向评价和横向评价。
所谓物流纵向评价,是指上一级物流部门对下二级物流部门和机构的物流活动进行的分析结果。这种分析通常表现为本期完成情况与上期或历史完成情况的对比。
纵向评价内容:
a.对物流活动的组织和指挥;
b.对物流活动的监督和检查;
c.对物流活动的调节。
所谓物流横向评价,是指执行某一相同物流业务的部门之间的各种物流结果的对比。它通常能表示出某物流部门在社会上所处水平的高低。
横向评价内容:
a.物流部门与产品生产部门的关系;
b.物流部门与销售部门的关系;
c.物流部门内部的关系。
(2)汽车物流管理评价。
首先,要确定物流所要达到的目标,以及实现这个目标所进行的各项工作的先后次序。其次,要分析研究在物流目标实现的过程中可能发生的不利因素,并确定应对这些不利因素的策略。

4.2.3 我国汽车企业物流电子商务发展策略

1)推进汽车行业信息化
我国的汽车物流受潜力巨大的世界汽车市场拉动,具备发展汽车物流需要的强大的交通基础(尤其是公路),发展汽车物流资源共享的过程中受到行业标准滞后的困扰,信息化应用和普及程度不高,运用信息管理系统的能力还很差,所以要充分利用加快行业信息化来促进汽车物流的发展。

发展汽车行业信息化进而实现电子商务的基本过程是:行业信息化,提高汽车物流标准化程度,促进物流发展进程,缩短与信息流、商流和资金流的操控差距,全面实现电子商务。因此,尽快发展行业信息化将具有非同寻常的意义。

谁占领电子商务这个汽车物流的制高点,就说明谁的管理模式最先进,实现交易时间最短、效率最高、成本最低、竞争力最强、效益最好。从我国汽车物流业整体来看,中国与世界经济融为一体,与物流有关的政策趋向是开放程度加大,逐步与国际接轨。发展汽车物流行业信息化,将会使中国汽车业在内部整合的同时,不断地以整体的力量与国际物流企业合作与竞争,增强国内汽车物流竞争实力。

2)培育第三方汽车物流企业

由于全球汽车产业同行之间的竞争日趋激烈,全球多家汽车大产业集团的物流和供应链领域广泛使用主动跟踪电子信息操作平台,提高了经济效益,降低了生产经营和管理成本,改善了消费者服务,而且在供应链服务的全过程中进一步提高了产品的透明度和物资的周转率,避免出现大量库存和物资积压,把汽车产业在供应链过程中产生的成本降低到最低限度。

我国解决汽车物流信息化问题可以采取的措施有:培育第三方物流企业发展的市场体制,提高汽车物流企业的信息化水平,改变现有的传统经济体制,逐步使汽车物流产业从目前的企业经营模式中分离出来,培养大量专业化、信息化水平高的第三方物流企业。

在发展第三方物流企业的过程中,需逐步提高汽车物流领域中信息化技术与管理水平,要有效使用如消费者反馈、车辆监控系统、企业资源管理等信息化技术手段。这些信息系统集中采用了信息采集、处理、交换和存储的各种通信技术,如条形码、电子数据交换 EDI、无线通信和数据库技术等,为供应链中的各环节提供集成的信息服务。

4.3 汽车物流电子商务案例

4.3.1 汽车物流电子商务案例

可以说每个汽车公司都有自己的物流方案和独特管理系统,下面以东风汽车公司的汽车物流电子商务为案例进行介绍。

东风汽车公司(原第二汽车制造厂)始建于 1969 年,是中国特大型国有骨干企业,总部设在武汉,主要基地分布在十堰、襄阳、武汉、广州等地,主营业务涵盖全系列商用车、乘用车、零部件、汽车装备和汽车水平事业。

截至 2014 年底,总资产达 2284 亿元,员工 15 万人,销售汽车 380.3 万辆,实现销售收入 4829 亿元,位居 2015 年《财富》世界 500 强第 109 位,中国企业 500 强第 18 位,中国制造业企业 500 强第 4 位。是与中国第一汽车集团公司和上海汽车工业(集团)总公司、中国长安汽车集团股份有限公司一起被视为中国综合实力最强的四大汽车企业集团之一。

在日常的生产、经营和管理活动中,东风汽车面临的最大挑战是运营管理,这是因为整个管理过程涉及许多因素,主要包括:整车物流运输生产计划(从生产入库、库存管理、销售出库、运输、经销商到最终客户接车)、生产计划的分解、生产过程中的控制、原材料和半成品的准时供应等。顾及上述所有因素以及管理好五家子公司的生产运营,东风汽车必须采取科学的解决方案,以使整个公司实现无缝对接。

在汽车行业,东风汽车公司一直重视信息化建设。为了更好地发挥自身优势,实现东风汽车公司整车物流管理的信息化,东风汽车股份有限公司实施了中软冠群的整车物流管理解决方案,即 ES/1 Super Logistics 系统。并对解决方案提出了目标要求,要求以条码为信息载体,实现整车仓储的自动化管理,提高管理效率,充分共享和跟踪车辆信息,以满足市场的快速变化对信息完整、准确、及时的要求。

在 ES/1 Super Logistics 系统下,东风汽车物流管理分为两大块,即整车物流管理和生产物流管理。

1)在 ES/1 系统下的整车物流管理

(1) 条形码功能。

采用 ES/1 SuperLogistics 系统,东风汽车能通过条形码扫描管理所有车辆,包括车辆入库、移库和出库。车辆经过入库扫描后,系统依据设定的规则,会自动产生并打印入库建议单,驾驶员依据入库建议单指定的库位即可入库,无须人工干预。

入库建议规则保证同一车型、同一颜色的车辆被放在同一排,该建议可根据车长和库位情况计算存放的数量,使仓库空间利用率达到最大。此外,还可设定每个库区存放的车型种类,根据设定库位优先级来寻找库位,保证车辆放置井然有序。

根据先进先出的原则,系统还自动给出所要出库车型的出库建议,驾驶员可根据出库建议的库位和底盘号,按顺序领取车钥匙并提车。出库建议可避免不必要的出库倒车操作,保证建议的车辆都可直接被提走。出库时通过扫描出库单条形码和整车的条形码,自动核对收货单位、承运商和所提车辆信息,避免了不必要的人为错误。

(2)全线追踪功能。

采用 ES/1 SuperLogistics 系统,东风汽车能够对车辆进行单件管理,并可通过底盘号查询车辆的来源(包括生产批次号码、生产日期、入库日期、发动机号码、发动机厂家、车身型号、车架型号、车厢型号等)和去向(包括车辆流向的经销商、最终客户姓名、电话等)。

(3)智能的运输分配和运输跟踪管理。

采用 ES/1 SuperLogistics 系统,东风汽车可通过预先设定的规则,优化运输路径和车辆编组,并根据承运商的运输情况以及对承运商的考核,对承运商的运费进行平衡,实现了以往手工操作无法实现的功能,既提高了效率,又减少了运输费用,同时也提高了运输分票的科学性,固化了运输分票的规则。具体而言,主要包括:

①根据运输分票的结果,系统可自动生成运单,避免了重复录入所带来的工作量和可能出现的错误。系统还可根据运输的路线和编组方式自动计算车辆的运输费用,增强了运费计算的准确性和科学性。

②系统可跟踪每辆车的在途情况,自动计算出车辆运输所限定的到达日期和返回日期,

并可对未返回的车辆进行预警,保证在第一时间发现问题并解决问题。

③可对承运商的运输情况(按时返回率、经销商验收意见、运输质量等)进行考核,考核结果作为承运商运费平衡的依据。

(4)库存管理。

采用 ES/1 SuperLogistics 系统,东风汽车实现了仓库的库位管理,不仅使仓库库存一目了然,而且系统还可自动生成车辆的定期养护计划。系统除了能够监控本地仓库的库存外,还能够监控所有存放在经销商仓库中的库存。

(5)营销管理。

采用 ES/1 SuperLogistics 系统,东风汽车解决了异地销售的问题。销售公司可远程开销售提车票并给予确认,仓库本部可直接打印票据,避免了单据的远程传递,提高了工作效率。

ES/1 SuperLogistics 系统使所有经销商和直接客户的销售信息在系统中被管理和统计,使企业对市场信息了如指掌,便于管理者做出正确及时的管理决策。

2)在 ES/1 系统下的生产物流管理

(1)条形码管理。

采用 ES/1 SuperLogistics 系统,东风汽车的生产车间通过条码扫描实现了生产各个环节的条码化管理。通过在生产线上的扣料区粘贴条码以及条码扫描,可对半成品、原材料实现自动扣料,自动生成拉料建议;通过在四大总成上粘贴条码以及条码扫描,可自动维护车辆的相关信息(包括生产日期、发动机型号、发动机号码、发动机厂家、车身型号、车架型号、车厢型号等),并自动扣减消耗量;通过将工人的工牌号编制条码以及条码扫描,可记录下线车辆涉及的调整驾驶员、终检人员、发交驾驶员的姓名及相应的时间,并可设置允许的滞留时间,对超期的车辆进行预警。

(2)全线追踪功能。

采用 ES/1 SuperLogistics 系统,东风汽车能够跟踪生产过程中的每一个环节,可对车辆进行单件管理,并可通过底盘号查询车辆的配置信息、装配信息、四大总成的生产信息、原料的供应信息及车辆的去向信息。其中,配置信息包括发动机号码、发动机厂家、车身型号、车架型号、车厢型号等;装配信息包括批次号码、生产日期、调整信息、终检信息、装箱信息及相应的人员信息等;去向信息包括车辆流向的经销商、最终客户姓名、电话等。

(3)生产计划管理。

采用 ES/1 SuperLogistics 系统,东风汽车能够将年度计划分解为月计划、日计划,系统允许随时调整计划,并可进行计划模拟,保证计划的可行性。月计划、日计划可被分解为装配进度计划、产品车入库计划、三大总成等半成品的生产计划、原料供应计划等。系统可根据当前维护的销售订单,自动生成计划,自动安排生产。

(4)采购管理。

ES/1 SuperLogistics 系统可根据已确认的生产计划自动生成采购计划,根据采购计划和原料的供应商情况自动生成采购订单,实现了采购与生产的集成。因此,ES/1 SuperLogistics 系统使东风汽车既实现了原料供应的准时化,又减少了原料库存的积压,降低了库存成本。

(5)JIT 生产模式。

东风汽车采用 ES/1 SuperLogistics 中最适合汽车行业的 JIT 模式来管理生产作业的进度

计划,并通过看板管理,以条码扫描自动扣料的方式确保了生产的准时化。

本章小结

本章主要内容包括汽车物流的基本概念、物流系统的组成、物流信息系统的组成和相关概念、物流信息的概念、内容、特征、汽车物流管理的内容和评价等内容。

下列的总体概要覆盖了本章的主要学习内容,可以利用以下线索对所学内容做一次简要的回顾,以便归纳、总结和关联相应的知识点。

1. 汽车物流的基本概念

主要介绍了物流是物品从供应地到接收地的实体流动过程。根据实际需要,使运输、储存、装卸、搬运、包装、流通加工、配送及信息处理等基本功能实现有机结合。物流研究的对象是贯穿流通领域和生产领域的一切物料流及相关的信息流。

2. 物流系统的组成

主要介绍了条码系统、电子数据交换系统(EDI)、电子自动订货系统(EOS)、全球定位系统(GPS)。

3. 物流信息的概念

主要介绍了物流信息是反映物流各种活动内容的知识、资料、图像、数据和文件的总称。物流信息是物流活动中各个环节生成的信息,一般是随着从生产到消费的物流活动的产生而产生的信息流,与物流过程中的运输、保管、装卸、包装等各种功能有机结合在一起,是整个物流活动顺利进行所不可缺少的物流资源。

4. 物流信息的内容

主要介绍了物流系统内信息和物流系统外信息两部分内容。

5. 物流信息的特点

主要介绍了物流信息具备信息量大、更新快、来源多样化等特点。

6. 物流信息系统的主要功能模块

主要介绍了物流作业管理子系统、运输工具系统、现场子系统、用户子系统、其他作业管理子系统。

7. 物流信息系统的作业管理

主要介绍了订单管理信息系统、库存管理信息系统、运输管理、配送管理系统。

8. 汽车物流管理

主要介绍了物流的业务管理和物流技术管理。

9. 物流管理评价

主要介绍了专门性评价和综合性评价、物流纵向评价和横向评价。

10. 汽车物流电子商务案例

主要介绍了东风汽车公司的汽车物流电子商务案例。东风公司在日常的生产、经营和管理活动中面临的最大挑战是运营管理。为了更好地发挥自身优势,实现东风汽车公司整车物流管理的信息化,公司采用了 ES/1 Super Logistics 系统。在该系统下汽车物流分为了整车物流管理和生产物流管理两大块。指出了该系统的主要模块功能,对储运部门、销售部门以及生产部门带来的改变。

自测题

一、单项选择题（下列各题的备选答案中，只有一个选项是正确的，请把正确答案的序号填写在括号内）

1. 下列叙述不正确的是（　　）。
   A. 汽车生产厂家降低生产成本的手段越来越多
   B. 汽车物流为汽车生产厂家及经销商的重要经营活动之一
   C. 汽车物流是最复杂、最具专业性的领域
   D. 汽车生产厂家除生产之外，采购及物流方面有很大潜力可挖
2. 现代物流的重要特征是物流的（　　）。
   A. 规模化　　　　　　　　　B. 简单化
   C. 人性化　　　　　　　　　D. 信息化
3. 物流研究的对象是贯穿流通领域和生产领域的一切物料流及相关的（　　）。
   A. 商流　　　　　　　　　　B. 资金流
   C. 物流　　　　　　　　　　D. 信息流

二、填空题

1. 汽车产品由汽车生产企业最终到达消费者手中，不仅要进行汽车所有权的转移，而且经过_____、_____、_____、_____等一系列物流管理活动，实现汽车产品实体的空间转移。
2. 汽车物流是集_____、_____、_____、_____、_____、_____及物流信息于一体的综合性管理。
3. 物流信息系统是把各种物流活动与某个一体化过程连接在一起的通道。一体化过程建立在这几个功能层次上：_____、_____、_____、_____。
4. 物流信息与其他信息相比具有以下特征：_____、_____、_____。
5. 根据汽车物流管理的特点，人体可分为_____管理和_____管理两大方面。

三、名词解释

1. 物流
2. 条码
3. 物流管理目的

四、问答题

1. 物流的业务管理包括哪些内容？
2. 什么是物流纵向评价和横向评价？
3. 本章案例中的系统模块有哪些？分别有什么功能？

第5章 汽车企业客户关系管理

导言

本章主要介绍汽车企业客户关系管理,包括客户关系管理的基本概念、特征、起源和发展、核心价值,汽车企业实施CRM的必要性,实施CRM需要注意的问题;汽车企业客户关系管理应用的四个层次、汽车企业客户关系管理系统总体设计、汽车企业客户关系管理案例分析等内容。本章的学习内容力求使学生了解汽车企业客户关系管理的基本知识,并熟练掌握客户关系管理的工作要点,为日后工作积累一定的专业基本技能。

学习目标

1. 认知目标
(1)了解客户关系管理的基本概念;
(2)理解并掌握客户关系管理的核心价值;
(3)掌握客户关系管理系统的应用领域。
2. 技能目标
(1)能够正确分析客户关系管理的核心价值;
(2)能够正确应用客户关系管理系统。
3. 情感目标
(1)初步养成善于总结的习惯;
(2)营造乐学、善学的学习氛围;
(3)提高语言表达、沟通交流能力。

5.1 认识客户关系管理

很多汽车企业开始认识到客户是市场的主角,主宰着企业的命运,客户正在重塑商业模式并转变着企业的发展方向。因此,汽车企业生存和发展最为重要的事情以客户为中心,逐步赢得客户对企业的忠诚度;而利用先进的信息技术手段对客户关系及客户相关业务进行管理,进一步提高业务效率,实现市场、销售和服务的自动化,提高客户满意度,已成为企业取得竞争优势必需的手段。

5.1.1 客户关系管理的概念与特征

1)广义的客户关系管理概念与特征

客户关系管理(Customer Relationship Management,CRM)是一个不断加强与客户交流、不断了解客户需求并不断对产品及服务进行改进和提高,以满足客户需求的连续过程。是一种旨在改善企业与客户之间关系的新型管理机制,实施于企业的研发、制造、销售、服务等企业经营的全过程。

广义的客户关系管理是一种管理理念,需要全员的理解和行动;是一种管理机制,始终贯穿于企业经营的全过程;是信息技术与管理技术的集成,利用信息技术(IT)和互联网技术实现对客户的整合营销。

2)狭义的客户关系管理概念与特征

狭义的客户关系管理是指以最大化的开发客户价值为目标而采取的一系列服务举措。主要在售前、售中、售后等环节为客户提供优质的服务,维系客户关系、创造客户忠诚,实现客户价值和企业利润的最大化。

狭义的客户关系管理以客户信息为基础展开客户价值分析与价值开发,以客户关怀为主要方法维系客户关系,通过满意度管理,提升客户满意度和客户忠诚度。

总之,CRM是现代信息技术、经营理念和管理思想的综合体。它以信息技术为手段,通过对以客户为中心的业务流程的重新组合和设计,形成一个自动化的解决方案,以提高客户的忠诚度,最终实现业务操作效益的提高和利润的增长。

无论如何定义CRM,以客户为中心是CRM的核心所在。CRM通过满足客户个性化的需要、提高客户忠诚度,实现缩短销售周期、降低销售成本、增加收入、拓展市场、全面提升企业赢利能力和竞争力的目的。CRM的内涵主要包含三个内容,即客户价值、关系价值和信息技术,如图5-1所示。

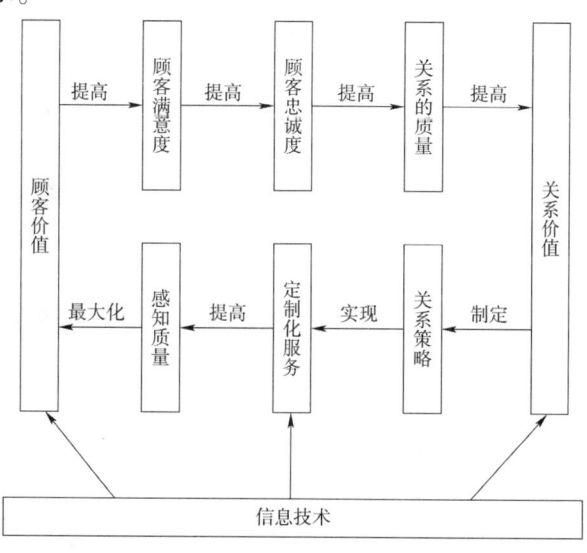

图5-1 客户关系管理的内涵

5.1.2 客户关系管理的起源与发展

1）客户关系管理的起源

最早在20世纪80年代,出现了接触管理(Contact Management)的概念,是指企业要学会收集整理客户与企业联系的所有信息;之后在20世纪90年代初演化为顾客关怀理论(Customer Care),是指企业要设立电话服务中心并需要有部门进行支援资料分析;目前,发展成为客户关系管理,主要指企业要关注管理方法和管理技能,要具备企业战略管理理念。

客户关系管理是汽车企业创造利润的最有价值的工具之一。从20世纪90年代就在欧美兴起,并逐步被大多数国家的管理者所接受和认同。对汽车行业来说,客户关系管理更是有效降低成本、大幅度提升企业盈利水平和竞争能力的有效工具。美国汽车行业统计出来的数据可以很直观地说明这个问题:每个车主每隔6年就会买一部新车;每卖出100辆汽车,有65辆是经销商的老客户买走的。这充分体现了汽车行业实施CRM所能带来的巨大利润潜力。

2）国内汽车行业客户关系管理发展概况

(1) 1984—1998年:概念尚未产生

计划经济体制被打破,汽车厂商开始广泛建立自己的售后服务体系,汽车销售、服务业务分离,我国还没有引入客户关系管理的概念。

(2) 1999—2002年:标杆起步阶段

丰田汽车、上海通用、上海大众、广州本田、一汽大众等公司开始在中国引入"客户满意"意识和客户关系管理概念,在厂家层面部署CRM系统,开始开展呼叫中心业务、满意度测评、回访等工作,将客户管理业务推进到经销商/服务商层面。

(3) 2003年至今:探索发展阶段

轿车厂家全面导入经销商/服务商业务管理系统和CRM系统,把CRM提高到企业战略规划的层面。全面推进客户关系管理工作,重视经销商/服务商的客户满意意识和客户关系管理能力,重视工作开展做到切实有效。

目前,无论是厂家、经销商/服务商或者是汽车金融公司、保险公司等,都在探索"客户关系管理"的模式,以及如何开展基于客户管理理念下的营销和业务流程再造提升等业务。

5.1.3 客户关系管理的核心思想

客户关系管理的目的是实现客户价值最大化和企业收益的最大化之间的平衡。任何企业实施客户关系管理的初衷都是想为客户创造更多的价值,即实现客户与企业的"双赢"。坚持以客户为中心,为客户创造价值是任何客户关系管理战略必须具备的理论基石。为客户创造的价值越多,就越会尽可能地增强客户满意度、提高客户忠诚度,从而实现与客户的维系,有利于增加客户为企业创造价值,使企业收益最大化。

但是企业是一个以赢利为目的的组织,企业的最终目的都是为了实现企业价值的最大化。因此,在建立客户关系时,企业必须考虑关系价值,即建立和维持特定客户地关系能够为企业带来更大的价值。从逻辑上讲,企业的总价值应该等于所有过去的、现在的或将来的客户的关系价值的总和。关系价值高所创造的利润就高,企业应该将精力放在这种客户的身上。而对那些价值较低,不具有培养前景,甚至会带来负面效应的客户关系,企业应该果断终止。关系价值是客户关系管理的核心,而管理关系价值的关键却在于对关系价值的识别和培养。

信息技术是客户关系管理的关键因素,没有信息技术的支撑,客户关系管理可能还停留在早期的关系营销和关系管理阶段。正是因为信息技术的出现,使得企业能够有效地分析客户数据,积累和共享客户知识,根据不同客户的偏好和特性提供相应的服务,从而提高客户价值。同时信息技术也可以辅助企业识别具有不同关系价值的客户关系,针对不同的客户关系采用不同的策略,从而实现客户价值最大化和企业利润最大化之间的平衡。

在客户价值和关系价值之间存在着互动,这种互动关系也反映了客户价值最大化和关系价值最大化这对矛盾统一体之间的平衡和互动。而信息技术不仅支持了客户价值最大化和关系价值管理这两项活动,而且支持了两者之间的互动过程。

在当前的环境下,市场竞争的焦点已经从产品的竞争转向品牌的竞争、服务的竞争和客户的竞争。比如与客户建立和保持一种长期的、良好的伙伴关系,掌握客户资源、赢得客户信任、分析客户需求、提供满意的客户服务等。客户关系管理的核心思想是在实践中的具体运用,是企业提高市场占有率,获取最大化利润的关键。CRM 的核心思想主要包括以下几个方面:

(1) 客户让渡价值是建立高质量客户关系的基础。

客户让渡价值,是指客户购买产品或服务的总价值与客户购买该项产品或服务付出的总成本之间的差额。客户实现购买的总价值指客户购买产品或服务所获得或期望获得的利益总和,包括产品的价值,服务所消耗的货币、时间、精神和体力等成本的总和。

企业只有实现了客户让渡价值的增值,才能保证客户真正满意,提高客户的忠诚度。因此,客户让渡价值成为企业建立、维持和增进客户关系的基础。

(2) 重视客户的个性化特征,实现一对一营销。

在当今这个信息时代,随着竞争的加剧以及产品和服务的极大丰富,特别是信息工具和渠道的快速发展,使得客户对产品和服务的选择范围不断扩大,选择能力也不断提高,同时选择欲望也不断加强,使客户的需求也呈现出个性化的特征。从理论上讲,每一位客户的需求都是唯一的,可以将其视为细分的市场,对每一位客户实行一对一营销。

所谓一对一营销,是指企业根据客户的特殊需求来相应调整自己的经营策略的行为。它要求企业与每一个客户建立一种伙伴型的关系,尤其是那些对企业最具有价值的金牌客户。

(3) 不断提高客户满意度和忠诚度。

客户满意度是指客户通过对一个产品或服务的可感知的效果与他期望值相比较后,所形成的愉悦或失望的感觉状态。较高的客户满意度能使客户对产品品牌在心理上产生稳定的依赖和喜爱,也正是这种较高的满意度促使了客户对该产品品牌的忠诚。对企业来说,只有通过对客户满意度的研究,掌握了客户对企业产品的信任和忠诚程度,对于企业发掘潜在的客户需求,增长未来市场销售才具有重要的指导意义。

(4)客户关系始终贯穿于市场营销的全过程。

最初,客户关系的发展领域是服务业,由于服务的无形特点,注重客户关系可以明显地增强服务的效果,为企业带来更多的利益。于是客户关系不断地向实物产品的销售领域扩展。当前,客户关系可以说已经贯穿到了市场的所有环节,即客户从购买前到购买后体验的全过程之中。

图 5-2 给出了体现客户关系管理核心价值的企业构架模型。

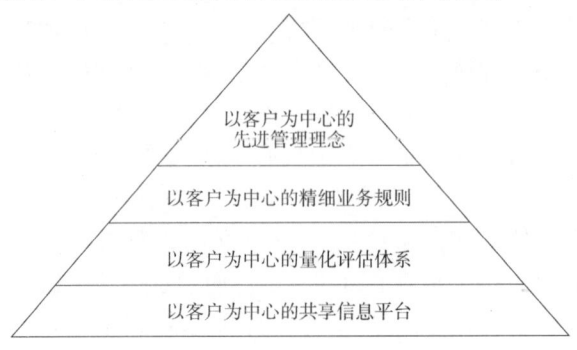

图 5-2　以客户为中心的企业构架

1) 建立以客户为中心的企业

(1) 树立以客户为中心的先进经营理念。

① 客户获取。

a. 确认客户;

b. 明确客户特征;

c. 明确客户需求;

d. 明确交付方式。

② 客户保有。

a. 建立企业化的客户资源;

b. 持续的客户关系维护;

c. 提高客户满意度;

d. 延长客户生命周期。

③ 客户价值提升。

a. 建立客户价值金字塔;

b. 保持 VIP 客户的价值贡献;

c. 推动客户向 VIP 转移。

(2) 建立以客户为中心的精细业务规则。

①"一对一"营销。

a. 基于客户特征规划市场策略;

b. 基于客户需求组织适合产品;

c. 基于客户类别设计销售方式;

d. 基于客户状况提供有效服务。

② 精细营销。

a. 完整客户生命周期线管理;

b. 量化业务过程管理；

c. 基于业务目标的行动管理。

(3) 构建以客户为中心的量化评估体系。

①客户利润；

②客户影响力；

③客户忠诚度；

④客户潜力。

(4) 搭建以客户为中心的共享信息平台。

①固化业务规则；

②建立量化管理能力；

③支持信息共享；

④实现能力复制。

2) CRM 为企业带来的帮助

(1) 深化客户关系，提高客户满意度，保持企业竞争优势。

(2) 提高组织的"记忆力"。

(3) 使企业能根据客户信息制定具体营销方案。

(4) 提高组织的效率和效果，提高客户销售收入。

(5) 能让企业主动向客户进行推广，增加获得新客户的机会。

CRM 的定位及角色功能转变见表 5-1。

CRM 的定位及角色功能转变　　　　　表 5-1

目前的角色	未来的愿景
目前客户关系管理仅被视为众多渠道的一种，业务流程并未与其他渠道整合	客户关系管理被视为主要服务与销售的渠道，业务流程将充分整合
以产品/服务为导向；无法以整体获利性来衡量客户贡献度	以客户为导向(包括内部客户/营业员)；用整体获利性来衡量客户贡献度
重点在于产品/服务本身	重点在于客户服务及针对性的产品销售
员工生产力以接电话的次数来衡量	大部分电话将由系统自动处理；有限人力资源将被运用在"增值服务"上
员工技能通常局限于有限的产品/服务	员工技能较多，通常横跨多种产品/服务
日常性的工作占去员工大部分时间	常规机械的工作已被精简或自动化了
成本中心	利润中心

5.1.4 汽车企业实施 CRM 的必要性

(1) 实施 CRM 是我国汽车行业适应经济发展的需要。

网络经济是新经济的一个重要特征，这种打破传统营销方式的新模式，正对当今的汽车销售产生革命性的影响。

(2) 我国汽车企业导入 CRM 是市场竞争加剧的必然要求。

随着汽车消费竞争日趋白热化,除了在价格方面的竞争之外,汽车生产商和经销商还要通过提升汽车在品牌、质量、营销方式、服务理念等方面的竞争来吸引消费者,争取消费者。对经销商而言,整车销售的利润已经很低,售后服务在汽车销售中起到举足轻重的作用。CRM 的导入必将极大推动这一进程。

(3) 实施 CRM 是我国汽车行业发展重点由内向外转变的要求。

我国各大汽车生产企业,特别是中外合资的汽车企业为降低成本、提高效率、增强企业竞争力,都引进了先进的生产技术并进行了业务流程的重新设计。为了向业务流程的重组提供信息技术支持,这些汽车企业采用了 CRM 信息系统,一方面提高了内部业务流程,如财务、制造、库存、人力资源等诸多环节的自动化程度;另一方面,也对现有流程进行了优化。企业通过先进的软件技术和优化的管理方法对客户进行系统化研究,通过识别有价值的客户及对客户挖掘和研究,以改进对客户的服务水平,提高客户的价值、满意度、利润贡献度、赢利性和忠诚度,并缩减销售周期和销售成本,寻找扩展业务所需的新市场和渠道,为自身带来更多的利润。

5.1.5 实施 CRM 需要注意的问题

客户关系管理是从经营理念、组织架构、客户战略、企业流程、信息化规划和绩效等各个方面对企业进行的变革,它直接影响了一个企业的经营运作。如何控制 CRM 项目的风险,提高 CRM 项目的成功率,是目前国内 IT 界和准备使用 CRM 系统的企业所面临的共同课题。

1) 实施 CRM 失败的原因

客户关系管理理念引入我国之后,不少国内企业逐步开始尝试实施 CRM 系统的部分模块,有相当多的企业实施后,却未能见到预期的效果或者根本无法推广使用。客户关系管理实施不成功的原因有以下几点:

首先,以数据为导向而不是以客户为中心、以价值为导向的客户关系管理理念,导致了中国企业客户关系管理实施出现失败,严重影响了客户关系管理在中国的发展与运用,给中国企业带来巨本的市场风险与高额的利润损失。

其次,很多软件企业缺乏实际的管理与营销经验,没有能力引导企业采用全面的客户关系管理系统。企业在购买软件 CRM 后,只用于简单的收客集户的资料、管理客户的资料、建立相应的数据库,而没有对客户的需求信息进行深度的分析和分类,缺乏对客户关系和消费者利益价值深层次开发与管理的体系与手段,没有能够通过客户关系管理真正地将客户变成企业的资源与财富。

第三,我国大部分企业没有意识到客户关系管理是当前企业提高客户满意度和忠诚度、提升企业盈利率、塑造服务品牌的最重要的战略手段和关键性竞争工具,由于重视程度不够而导致目前企业客户关系管理投入资金不足。

2) 实施 CRM 需注意的问题

今后,企业实施客户关系管理这样一个相当复杂的系统工程,还需要注意的问题有:

(1) 取得企业高层管理者的理解与支持。

高层管理者对 CRM 项目实施的支持、理解与承诺,是项目成功的关键因素之一。因为客户关系管理是企业经营理念转变的策略性计划,其导入必将会对企业传统的工作方式、部门架构、人员岗位和工作流程等带来一定的变和冲击,缺乏管理者支持与承诺会给项目实施带来很大的负面影响,甚至可能使项目在启动时就已经举步维艰了。同时,为配合客户关系管理推广的各种业务规范、业务流程,必须有好的管理制度加以配合,保证各项制度的顺利实施,这些都需要企业高层管理者予以大力支持。

要得到管理者的支转与承诺,需要管理者对项目有相当深入的参与程度,CRM系统实施所影响到的部门高层领导应成为项目的发起人或发起的参与者。项目组成人员则由企业内部成员和外部的实施伙伴共同组成。

(2)确立合理的客户关系管理项目实施目标。

CRM是一种商业理念,强调企业必须对客户进行"长期关注",而不是传统的"短期客户行为",也就是说,要以建立、发展及维护客户的长期合作关系为基本出发点。因此,CRM系统的实施必须有明确的远景规划和近期实现目标。企业在导入客户关系管理之前,要在考虑企业内部的现状和实际管理水平以及外部市场对企业的要求与挑战的基础上,事先拟定整体的客户关系管理蓝图规划,制定客户关系管理的预计短期、中期的商业效益。有了明确的规划和目标,然后再考虑这一目标是否符合企业的长远发展计划,是否已得到企业内部各层人员的认同;不可盲目追求大而全的系统,或听信CRM厂商的承诺。

(3)卓越的管理是CRM系统成功实施的基础。

由于宣传方面的误导,不少企业领导层甚至信息主管都认为作客户关系管理就是上一套CRM软件,这种观点是错误的。芬兰学者格罗鲁斯就曾经说过,IT常常从狭义角度来讨论这个问题。客户关系管理的范围相当广泛,包含客户管理、员工管理、合作伙伴管理,甚至还有品牌管理等内容。

企业从事CRM实践是一个持续的过程。企业的实践过程由一系列不同时期、不同阶段的活动构成,每个活动不论大小,都是企业对客户问题的持续改进过程中的部分。人员、业务流程以及技术是作为现代商业策略的三大支柱,缺一不可。客户关系管理以客户满意为中心,以IT技术为支撑工具。提升客户满意度不是一套管理软件就能达成的,它只是实现目标的工具而已。

采用CRM系统是为了建立一套以客户为中心的销售服务体系,因此系统的实施应当是以业务过程来驱动的。尽管客户关系管理方案以IT技术为主导,但它本身并不属于技术范畴,而是与企业管理、业务操作息息相关的经营管理理念。因此,任何一套CRM系统在实施时,都要根据企业实际情况作一定程度上的修改与调整。通常业务部门应作为推广客户关系管理的牵头部门,而信息化部门则作为辅助、技术把关部门。不协调好两者间的关系,就难以顺利实施项目。

为了把客户关系管理做好,需要依靠企业良好的制度体系。如果没有一个保证顺利实施的制度,再好的软件也无法发挥应有的价值。客户关系管理的很多思想需要用传统的管理方法来实现,如制度、规范、流程和考核方法等;要教育培训员工,仅有IT技术是不够的。例如,体现客户关系管理思想的规范和制度的制定,考核方法的确立,企业人员对客户关系管理的认知、理解和参与,组织结构的调整等,都是依靠IT手段无法实现的,还需要借助于传统的"口传心授"的方式才能够实现。

事实上,很多企业迫切需要的首先是客户关系管理,其次才是CRM。也就是说,必须以客户关系管理作为基础,由客户关系管理的理念引路,CRM才会有出路。客户关系管理不仅仅是技术,如果企业的员工没有以客户为中心,再上好的软件也没有价值。

(4) CRM 以企业信息系统(如 ERP)作为应用基础。

使用 IT 技术的 ERP 系统主要关注的是企业内部的成本控制与工作效率,而应用 CRM 系统的目的主要是提升企业营销能力,改善销售绩效。CRM 系统可以看作 ERP 系统销售管理功能的延伸,ERP 系统与 CRM 系统的集成运行才能够真正解决企业供应链中的下游链管理问题。因此,一般要求企业在 ERP 实施成功之后再应用 CRM 系统。但由于在中国企业的应用普及率尚不到 1%,这会导致很多企业会先上 CRM 再考虑 ERP,可能的风险将是企业从网上接收众多订单而难以靠手工方式进行高效处理,甚至会造成业务的混乱。当然,仅仅实现销售自动化而不建立网上商店的 CRM 是可以独立运行的,否则应在 ERP 系统的基础上扩展应用 CRM 系统。

(5) CRM 的重心是高价值的客户。

并不是所有的客户都愿意和企业保持关系,而且也不是所有的客户都值得企业花费精力去维系。因此,企业需要通过数据来分析,哪一类客户可以和企业保持一定关系,哪一类客户只是跟企业发生一次交易的关系,哪一类客户对企业来说是有价值的。按照国外的统计,汽车的生命周期是 6 年,一个车主每隔 6 年会换一部新车;但目前在中国,汽车的生命周期会稍微长一些。通用汽车公司刚进入中国时,主打产品别克走的是高端路线。但是几年后,通用汽车公司调整了单一的市场产品结构,从 35 万元的别克做到 10 万元的赛欧,吸引中等收入阶层购买赛欧成为通用汽车公司的客户;6 年之后当这些人事业有成之时,大部分还是通用汽车公司的客户,而他们已经拥有了购买高档车的实力。这种调整产品结构的灵感正是来自它的客户关系管理,来自它的数学统计。因为有数据表明:通用汽车公司每卖掉 100 辆汽车,其中 65 辆就是由老客户买走的。

客户关系管理的目的是提升客户满意度,客户满意再进一步,就形成了客户忠诚。满意的客户不一定是忠诚的,但是忠诚的客如一定是满意的。实际上,企业追求的目标就是使满意的客户变成对企业忠诚的客户。对服务比较满意的客户,重购率是 30%;而非常满意的客户,重购率可以达到 80%。满意度越高,企业与客户的关系越可靠,客户选择竞争对手的可能性就越小。企业就是通过赢得忠诚客户来为自己获得更大的营利。

汽车企业的营销工作维系在有价值的客户上,也就是让客户从满意到忠诚,而不是把精力集中在吸引新客户上。汽车企业每年用于电子商务营销的费用只有 12% 花在客户维系上,而 55% 的费用花在了获取新客户上,这说明大部分企业还是没有真正意识到维系老客户的重要性,客户关系管理没有用在最有利可图的地方。

5.2 汽车企业客户关系网络管理系统

5.2.1 汽车企业客户关系管理应用的四个层次

1)基于呼叫中心的客户服务

出于热线、销售咨询和品牌关怀等方面的动机,大部分汽车厂商都建立了呼叫中心系统,作为客户服务中心的热线,部分有实力的经销商也建立了呼叫中心系统。

这一层次更多的还是被动式的服务和主动关怀的尝试,其价值体现在节约成本、提高客户低层次的满意度上。

2)客户信息管理与流程管理

对于整车厂商、经销商和零部件厂商,客户信息管理的重点是不同的;对于汽车行业的客户信息档案的采集分析,在三个不同角色的体现上也是不同的。整车厂商更多的是已购车的客户信息;经销商更多的是潜在客户和意向客户的信息管理;零部件厂商关注更多的是维修客户的信息。流程管理包括:销售流程、服务流程和关怀流程。

在这一层次,很多整车制造商通过 ERP 系统和 DMS(经销商管理系统)来进行部分客户信息管理和交易流程的管理,但也有部分厂商部署了专业的系统来管理客户信息,同时部分厂商的经销商体系也建立了 CRM 系统,比较整体地管理起客户信息。零部件厂商也开始关注客户信息和流程,通过战略实现客户导向。

3)客户细分与客户价值开发

这一层次只有在第二层次完善和积累的基础上才有可能进行。因为对客户的细分和对细分之后的客户价值的定位,没有详细的客户信息和过程信息是不可能完成的。基于积累的真实有效的客户相关数据进行建模分析,细分客户群,并分辨客户细分群的不同价值,从而能够实现客户的差异化对待。

4)企业价值链协同

在汽车行业的客户生命周期中,要经历汽车制造、新车经销商、汽车维护、二手置换、汽车贷款、汽车保险、装潢装饰、燃料消耗、汽车维修、备品备件、汽车租赁等多项服务,而这些服务又是由整个汽车价值链中的不同角色来分别承担的。要有效地管理客户的整个生命周期,就意味着整个汽车行业价值链中的相关企业都要建立企业协同体系,以有效地共享资源和管理资源。在这一层次,需要整个汽车行业的自律和推动,目前暂时还没有此类实践的应用。

5.2.2 汽车企业客户关系管理系统总体设计

1)实施 CRM 的管理策略

从 CRM 的概念和内涵中可以看出,企业实施 CRM 应从两方面入手:一是基于 CRM 理念的企业管理,二是 CRM 的技术和管理软件。企业首先把 CRM 作为企业的管理策略来进行研究和咨询,会起到事半功倍的效果。而作为技术和管理软件的 CRM 系统,是个与企业的"个性"关系十分密切的产品,它必须通过与企业密切配合进行研究、开发,才会有好的应用成果。这是因为不同企业采集和存储的数据不同,因而对它的分析、建模处理和算法也不同,特别是决策支持部分更是与本企业内部的管理运作密切相关。因此,企业应从自己的实际出发,除了选择使用一些通用的功能模块以外,还要补充一些特别的功能模块,以符合企业特殊的业务要求。

2)CRM 系统的体系结构设计

根据汽车企业的一般业务功能和流程,整个汽车 CRM 系统在结构上可以分为三个层次:界面层、功能层和支持层。其体系结构如图 5-3 所示。其中,界面层是 CRM 系统与客户进行交互、获取或输出信息的接口,通过提供直观的、简便易用的界面,使用户或客户可方便地提出要求,得到所需的信息。功能层由执行 CRM 基本功能的各个子系统构成,各子系统又包含若干业务,这些业务可构成业务层,业务层之间既有顺序的也有并列的。这些子系统包括销售管理子系统、市场管理子系统、支持与服务管理子系统。支持层是指系统所用到的数据仓库平台、操作系统、网络通信协议等,是保证整个系统正常运作的基础。

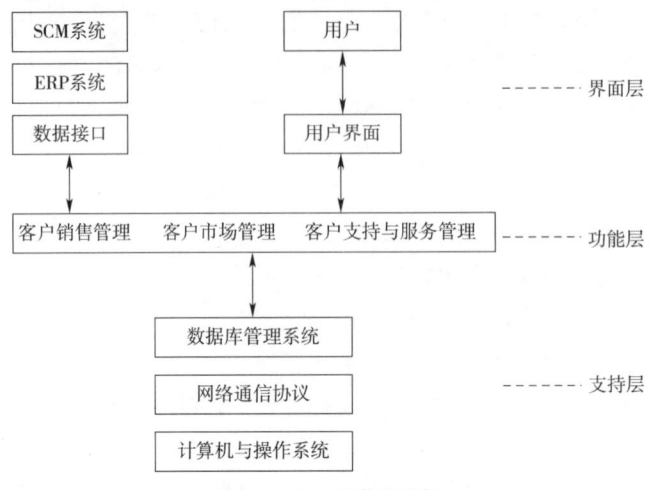

图 5-3　CRM 的体系结构

5.2.3　汽车企业客户关系管理案例分析

1) 关于 mySAP CRM

SAP 客户关系管理(CRM)集中提供解决方案,使公司在整个生命周期中对客户关系进行有效管理。首要目标是帮助企业了解和预见当前客户和潜在客户的需求。SAP CRM 客户关系管理由许多业务方案组成,这些业务方案同步处理各种客户关系和联系。通过提交这些业务方案来满足特殊用户的需求。mySAP CRM 的体系结构如图 5-4 所示。

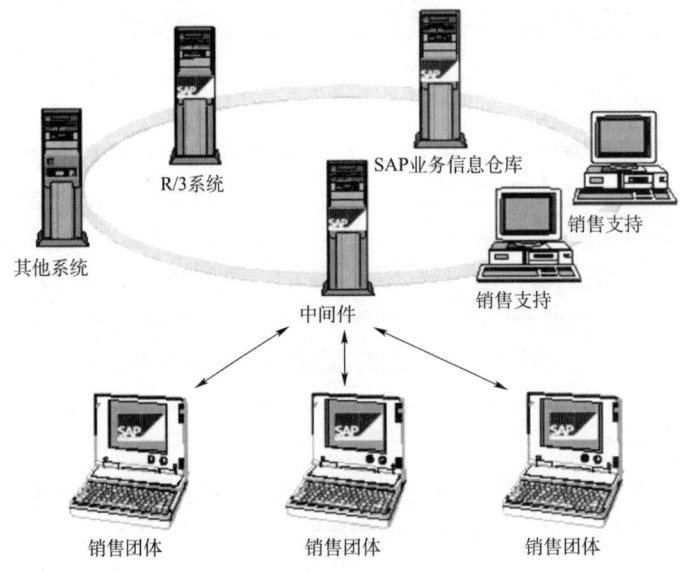

图 5-4　mySAP CRM 的体系结构

从技术方面来看，mySAP CRM 体系结构允许跨企业捕捉客户数据、巩固中央数据库中已有的所有内部和外部的客户相关数据，对这些数据进行分析，然后把分析结果分配到不同的客户联系点，经由各种单独渠道(例如移动销售团队、进站和出站电话中心、网站、销售点、通过邮件和电子邮件的直销)与客户进行交易时使用这些信息。

mySAP 客户关系管理(mySAP CRM)是唯一的完整的、以客户为中心的电子商务解决方案。这项解决方案旨在为客户提供满意、忠诚的服务。它有助于提高竞争优势，带来更高利润。

通过 mySAP CRM，企业的员工、生产过程及信息将与客户保持着平稳、无间断的联络，遍及整个网络。通过"以客户为焦点、创新的产品和服务，以客户为中心、更高层次的生产过程，持久有益的客户关系，全方位获取持久信息"等创造有价值客户的领导关系。

mySAP CRM 交互中心可以通过任何方式(电话、传真、Email 或网站)与客户保持联系，可以通过移动设备如便携式电脑、手机和 PAD 使用 mySAP CRM。而且，mySAP CRM 给员工提供各方面的途径获取市场数据、分析数据以及应用程序等。因此，销售、营销、客户服务和管理的员工可获取他们需要的信息来建立客户关系。

可操作的 CRM 管理客户交互，并在销售、营销、服务过程中与客户交互保持同步。可分析的 CRM 帮助优化信息来源以便更好地了解客户动向。可协作的 CRM 让协同供应商、合作伙伴和客户一起合作来完善生产过程、满足客户需求。

(1) 租赁资源管理的解决方案。

如果是一家租赁公司，可以利用租赁资源管理的解决方案。这项强大有利的解决方案将全面的 CRM 功能与综合的财务功能结合起来，致力于满足理财公司处理大量的租赁合同的需要。

带来的商业效益：mySAP CRM 提供洞察力和分析力，可以预见客户的需求，建立持久有效的客户关系。

通过 mySAP CRM，企业可从以下几方面获益：通过有效的客户定购增加收入，改善直接营销回报率，增强上升销售和交叉销售，减少客户的混淆；通过自动交易减少成本、提高现场生产率、减少直接营销和媒体支出、优化产品目录和流水线生产；通过提升客户忠诚度和保持度、更多的客户和丰富的市场洞察力，加快投入市场的时间来提高竞争优势。

您的客户将享受到：更为便捷的服务——通过多种联系渠道、持久的服务和平稳的定购和服务执行；更多相关客户的建议沟通——通过及时、个性化的提议；更多的产品和交付选择项，通过网络协作准许顾客化的解决方案传递。

mySAP CRM 独一无二的完整性：支持整个客户交互周期(接触、交易、实现、服务)；通过 ready-to-use 分析和企业策略管理集成给客户提供专一的建议；启动可操作、可分析、可协作的 CRM；前端企业入口的杠杆作用和遍及整个网络的连接性的交换功能。

mySAP CRM 独一无二的综合功能：提供一套完整综合的 CRM 应用程序；平稳地连接到 mySAP.com——SAP 主要的电子商务平台；综合现有的 SAP 和非 SAP 企业功能，包括供应链管理、产品生命周期、财务管理和 HR 管理。

(2) mySAP CRM 主要功能。

mySAP CRM 提供覆盖整个客户交互周期的核心功能。mySAP CRM 也推动闭环式客户交互,遍及客户交互周期的每个阶段。

①客户接触。

客户交互周期中的客户接触参与阶段,mySAP 客户关系管理(mySAP CRM)支持以下功能:

营销分析:包含市场调查、营销计划、领导分析以及活动计划和最优化,并提供市场洞察力和客户特征,使营销过程更具计划性,达到最优化。

活动管理:保证完整营销活动的传送,包括计划、内容发展、客户界定、市场分工和联络。

电话营销:通过各种渠道推动潜在客户产生,包含名单目录管理,支持一个企业多联系人。

电子营销:保证互联网上个性化的实时大量的营销活动的实施和执行。始于确切、有吸引力的目标组,通过为顾客定制的内容和产品进行进一步的交互。

潜在客户管理:通过潜在客户资格以及从销售机会到机会管理的跟踪和传递准许对潜在客户的发展。

②业务交易。

客户交互周期中的业务交易阶段,mySAP 客户关系管理(mySAP CRM)支持以下功能:

销售分析:包含销售和利润计划、预期和销售指标分析、销售周期分析、销售组织分析,实现销售过程的最优化。

客户和联系人管理:能够监督、跟踪客户和业务合作伙伴的所有相关信息。

机会管理:提供销售跟踪,销售预测,识别主要的决定人,估计潜在购买和潜在结束日期。

电话销售:利用交互中心来管理接入和输出的电话,支持电话销售活动。掌握大量的电话记录,集成从企业系统到产品信息到在线目录的销售信息。

现场销售:将主要的客户和前景信息传递到现场销售人员,促进销售活动的计划和维护,提供活动报告,形成报价,获得订单。

移动销售:通过移动设备加强现场销售力度。

手提销售:提高无绳设备的有效使用。

电子销售:为互联网上产品销售和服务提供全面的功能。支持销售周期的所有阶段,以及复杂的产品挑选、多媒体产品目录、先进的个性体现、网上产品配置、便捷的购物篮管理、安全的实施、全面的定购情况检查、付款处理和实行。包含合同完成、智能网络分析和灵活的网站设计。

网上定价与配置:允许用户网上配置产品,通过目录和市场比较价格。包含购物篮的功能。

订单定购:通过产品建议、价格、税收决定和有效性检查保证订单定购与订单入账的过程。

③履行实现。

客户交互周期中的履行实现阶段,mySAP 客户关系管理(mySAP CRM)支持以下功能:

实现分析:包括供给能力分析和财务营收分析,使实现过程得到更好的理解和最优化。

后勤管理:随订单管理、生产、分派和服务过程全方位跟踪订单,事先积极地通报客户更正,以免影响前端资源配置的传送,包括实时获取货存等级、生产性能、网络配送需求。

信贷管理:运用支付历史和信贷风险分析的信息提供信贷检查。

支付:提供客户合同、折扣、支付状况和账目的信息。

④客户服务。

客户交互周期中的客户服务阶段,mySAP 客户关系管理(mySAP CRM)支持以下功能:

服务分析:包括服务状况和过程分析,以及服务成本,收益率分析达到服务和支持过程的计划和最优化。

客户关怀和桌面帮助:通过增加和工作流程处理,支持解决各种问题、抱怨、反馈,以及以专用服务水准协议为基础的活动。

合同和基础安装管理:掌握客户安装和合同的历史记录和细节,包括服务水准协议,担保处理和质量监督。

企业智能:通过复杂的调查运算和智能代理支持引导、交互式的问题决议。

现场服务与分派:为现场服务人员传递、跟踪客户和账目信息,保证快速准确的客户服务,提供服务计划、预告、行程安排,以实现系统综合为基础的分派。

移动服务:通过移动设备支持现场服务。

手提服务:有效使用无绳设备。

电子服务:为客户、前景、在线业务伙伴提供获取专用信息的途径,如产品目录、内容、价格和解决方案。实现网上自我服务功能,例如订单入账和跟踪请求。

(3)mySAP CRM 服务解决方案。

服务往往是亏损中心,导致时间、奖金的浪费和客户的流失。不过,现在全球许多企业已将服务变为自己强大的、可获利的竞争优势。它们采用的正是唯一能够全面集成的客户关系解决方案:mySAP CRM。

竞争加剧,客户期望值提高,加之需要具备更高的获利能力,使得优质服务在今天已不再显得无足轻重,而是企业获得竞争优势的制胜法宝。基于上述情况,全球众多成功的企业已采用 mySAP 客户关系管理解决方案(mySAP CRM),提供优质的个性化服务。这是一种能使整个组织的工作聚焦于客户的综合解决方案。从多渠道通信,已建基地管理,直至现场服务,解决方案可为每一领域提供最佳实践支持。mySAP CRM 帮助企业为所有客户关系提供最优质的服务,保证客户关系长期良性地发展,并使双方从中受益。

企业的服务专业人员在努力提供最优质的服务。因此,应为他们配备所需的先进工具:

服务分析:通过测评获利能力、响应能力、满意度、产品可靠性和成本,不断提高服务质量。现场及组织内部能极为精确地实时跟踪工时、开支和部件损耗,迅速确定哪些费用是属于合同项下的,哪些是应计费的。

客户关怀和服务台:一线支持人员可以访问所需的大量一致性的信息,快速有效地解决客户提出的问题,无论客户通过联系中心、互联网,还是面对面联系。

合同与安装基地管理:处理客户安装和合同中的记录和细节问题,包括服务级别协议、质保程序和质量监控。

企业智能:利用在集成解决方案数据库环境下运行的先进的搜索运算和智能代理,可以指导和互动的方式解决服务中出现的问题。

现场服务与调度：最大限度地提高现场服务人员的工作效率，提高客户的满意度，减少服务呼叫次数。更有效地管理整个服务过程，包括预测和日程安排、库存量、返工、合同、资源分配、质量统计等方面的管理。用实时无缝的通信方式提供重点客户和诊断信息。

移动服务：支持使用通用移动设备的现场服务人员。

便携式服务：可使用高效率轻型无线设备。

电子服务：客户、潜在客户和业务伙伴可以通过互联网访问专用信息（如产品目录）和自助式服务功能（如订单录入、解决方案数据库、常见问题解答和请求跟踪等）。

(4) mySAP CRM 销售解决方案。

销售是企业的生命线。销售团队应得到世界一流的技术支持。对于现场销售、内部销售和网上销售来说，mySAP CRM 能为这类销售方式提供有力支持。

销售分析：通过先进的销售分析工具测评并管理销售工作，包括每一个客户的获利能力。

项目与联系管理：按天组织日程，跟踪所有客户联系，通过 mySAP 企业门户网站，建立业务伙伴信息枢纽。

机遇管理：从始至终跟踪每个销售项目的进程，管理销售战略，识别关键决策人及他们的要求，预测销售量和结束日期。

电话销售：在呼入和呼出两方面，加大有效电话销售方式的力度。集成后台系统信息，使电话销售人员可以为每个客户提供准确的个性化信息。

现场销售：随时随地为现场销售人员提供关键客户和前景信息。现场销售队伍可以通过移动或无线设备管理日程、生成活动报告、创建报价、输入订单。

电子销售：为在线销售周期的每一阶段实施综合解决方案，包括一对一营销、目录浏览、搜索、订单部署、付款、合同履行和客户支持。

互联网报价和配置：客户和销售代表可以很方便地上网或脱机比较配置、价格和产品。

获得订单：管理所有销售文档，包括询价、报价、订单、合同。以流程驱动、需求优化的方式，与后台交易系统集成处理订单。控制产品和定价趋势，计算税费、监控获利空间。

2) mySAP CRM 的企业应用案例

一汽大众汽车有限公司成立于 1991 年。它开拓了中国现代汽车的生产市场，也是中国唯一中档型和豪华型轿车的生产企业。目前该公司利用在电子商务环境中客户关系管理解决方案(mySAP CRM)实现了先进的客户关系管理。它是唯一的完整的、以客户为中心的电子商务解决方案。这项解决方案旨在为客户提供满意、忠诚的服务。它有助于提高竞争优势，带来更高利润。

一汽大众采用 AcceleratedSAP 快速实施技术迅速部署了 mySAP CRM。公司的 mySAP CRM 服务端为运行在 UNIX 环境下的惠普企业级服务器，客户端为 Oracle 数据库和 Windows NT 系统。mySAP CRM 安装在一汽大众的客户中心，与集成话音响应(IVR)系统、诊断系统和西门子系统构成的计算机和电话解决方案集成。

通过 mySAP CRM，公司员工、生产过程及信息将与客户保持着平稳、无间断的联络，遍及整个网络。通过以下几个方面创造有价值的客户关系：创新的产品和服务、以客户为中心、更高层次的生产过程、持久有益的客户关系、全方位获取持久信息。mySAP CRM 交互中心可以使您通过任何方式(电话、传真、E-mail 或网站)与公司的客户保持联系。

一汽大众公司通过地区经销商销售产品,不能直接获得所需的客户反馈意见,因而无法保证为客户提供优质服务并对市场进行智能化管理。公司实施了 mySAP CRM 解决方案,从而改进了客户服务质量,并能掌握更多与客户群相关的重要信息。

在电子商务环境中,mySAP CRM 巩固了公司与客户之间的关系,并且从销售、服务到市场营销过程在一个平台上集成了所有客户服务功能。

(1)以客户服务中心为主导。

一汽大众公司实施了销售、服务和营销为一体的客户互动中心(CIC)。现在客户可以通过电话、传真、电子邮件和互联网等多种方式与客户服务中心联系。在一汽大众项目中 mySAP CRM 与核心 SAP 企业解决方案紧密集成客户、服务代表及企业内部可以共享通信和信息。

现在通过在电子商务中 mySAP CRM 与核心 SAP 企业解决方案的集成,服务代表可以随时访问产品、经销商和客户的相关信息。因此,服务代表能掌握最新的产品信息随时随地解决客户提出的问题。由于 mySAP CRM 系统中嵌入汽车生产的全部流程,因此服务代表可以根据第一手资料做出更为准确可靠的决定监控,并更好地满足客户的需求。

在电子商务中汽车 mySAP CRM 的使用,可以更好地与客户进行沟通,提高服务和产品质量,实现成为中国汽车生产龙头企业的战略目标。这一解决方案可以提高企业的整体形象:对市场变化做出更快速的响应,进一步提高客户的满意度。mySAP CRM 能为客户提供最佳服务因此还能吸引潜在客户,从而提高经济效益。

(2)选择 mySAP CRM 软件。

一汽大众公司也曾考虑过其他一系列的解决方案。在对可靠性、灵活性和稳定性进行了综合评估之后,在各种客户关系管理解决方案中选择了 mySAP CRM,这一解决方案可与公司以现有的 SAP 核心企业解决方案全面集成。mySAP CRM 良好的架构还有利于系统今后的升级。在电子商务环境中,一汽大众以客户为中心,改进了客户服务质量并能掌握更多与客户群相关的重要信息,实现信息共享。同时一汽大众找准了公司的技术方案及软件,处理客户电子邮件,完成对每一个客户在线及离线的互动请求,提高了顾客满意度。

本章小结

本章主要内容包括客户关系管理的基本概念、特征、起源和发展、核心价值,汽车企业实施 CRM 的必要性,实施 CRM 需要注意的问题;汽车企业客户关系管理应用的四个层次、汽车企业客户关系管理系统总体设计、汽车企业客户关系管理案例分析等内容。

下列的总体概要覆盖了本章的主要学习内容,可以利用以下线索对所学内容做一次简要的回顾,以便归纳、总结和关联相应的知识点。

1. 汽车企业客户关系管理的概念

主要介绍了广义和狭义两个维度上的定义。

2. 客户关系管理特征

3. 客户关系管理的起源

4. 客户关系管理的核心价值

5. 汽车企业实施 CRM 的必要性

6. 实施 CRM 需注意的问题

7. 汽车企业客户关系管理应用的四个层次

主要介绍了基于呼叫中心的客户服务、客户信息管理与流程管理、客户细分与客户价值开发、企业价值链协同。

8. 汽车企业客户关系管理系统总体设计

9. 汽车企业客户关系管理案例分析

主要介绍了一汽大众汽车有限公司利用在电子商务环境中客户关系管理解决方案（mySAP CRM）实现了先进的客户关系管理。

自测题

一、单项选择题（下列各题的备选答案中，只有一个选项是正确的，请把正确答案的序号填写在括号内）

1. 下列哪一项属于从企业外部获取客户信息？（　　）

　　A. 从会计部门获取有关客户成本、销售收入、价格、利润等信息

　　B. 利用政府公布的各种统计资料，如普查资料、统计年鉴、统计资料汇编等

　　C. 通过公司的现场调研获取客户的资料

　　D. 通过公司其他部门的市场调研报告，各部门的文件、报告获取重要的客户信息

2. 在购买决策中，实际购买或签订购买合同，并有较大发言权的人称为（　　）。

　　A. 使用者　　　　B. 决策者　　　　C. 影响者　　　　D. 购买者

3. 下列哪一项属于心理性购买动机？（　　）

　　A. 社会型购买动机　　　　　　　　B. 生理型购买动机

　　C. 感情型购买动机　　　　　　　　D. 社会地位的购买动机

4. 购买产品或服务并用于进一步生产或服务的生产组织或个人，称为（　　）。

　　A. 产业客户　　　　　　　　　　　B. 中间商客户

　　C. 个人购买者　　　　　　　　　　D. 机构和政府客户

5. 当公司的业务量达到满意程度时，所面临的是下列哪一项需求？（　　）

　　A. 潜伏需求　　　　　　　　　　　B. 下降需求

　　C. 过量需求　　　　　　　　　　　D. 充分需求

二、多项选择题（下列各题的备选答案中，有一个或多个选项是正确的，请把正确答案的序号填写在括号内）

1. 下列哪些属于从企业外部获取客户信息的识别客户途径？（　　）

　　A. 从企业内部获取客户信息

　　B. 寻找相关计算机数据库资料

　　C. 通过国内或国际展览会识别客户

　　D. 通过实地调查获取客户的第一手资料

2. 识别客户的方法包括( )。
   A. 普遍识别法   B. 广告识别法
   C. 介绍识别法   D. 委托助手识别法
3. 决策群体中哪些成员在购买活动中起到决策作用？( )
   A. 使用者   B. 购买者
   C. 影响者   D. 决策者
4. 根据客户的购买目的和规模，可以将客户分为( )。
   A. 个人购买者   B. 中间商客户
   C. 产业客户   D. 机构和政府客户
5. 企业创造需求的途径有以下几个方面？( )
   A. 设计生活方式   B. 改变价值观念
   C. 把握全新机会   D. 营造市场空间

三、简答题

1. A市汽车交易市场地处交通要道，与A市公安局车辆管理所毗邻，占地面积20000平方米。2008年的年汽车销售量超过10000辆，是A市名副其实的汽车销售的龙头老大。但是，面对2009年汽车销售的严峻宏观形势，维持甚至提高销售业绩，就需要找到更多的买家，这就需要不断提高产品的市场占有率，而且还要提高客户占有率。

   问题：假如你是总经理陈波，如何引导销售人员去识别客户呢？如何去把握和满足客户的需求呢？

2. 请简述汽车企业客户关系管理应用的四个层次。

第6章 汽车电子商务网站案例

导言

本章主要介绍各类汽车电子商务网站的案例,包括以神州买买车为例的汽车销售类电商平台、以瓜子二手车为例的二手车电商平台、以汽车之家为例的汽车综合类电商平台。每个案例分析中主要介绍相关企业的发展概况、商业模式、核心能力和运营管理。本章的学习内容力求使学生了解汽车电子商务网站的发展现状,掌握典型案例的商业模式和经营管理,以加深对之前理论学习的理解和应用。

学习目标

1. 认知目标
(1) 了解各类典型汽车电商平台案例的企业概况;
(2) 理解各类典型汽车电商平台案例的商业模式;
(3) 掌握各类典型汽车电商平台案例的运用管理。
2. 技能目标
(1) 熟悉汽车电商目前涉及的分市场领域;
(2) 能够正确分析各类典型汽车电商平台案例的商业模式;
(3) 能够正确分析各类典型汽车电商平台案例的运用管理。
3. 情感目标
(1) 养成善于总结的习惯;
(2) 营造乐学、善学的学习氛围;
(3) 提高语言表达、沟通交流能力。

6.1 汽车销售电商平台——神州买买车

6.1.1 神州买买车的企业概况

神州买买车是神州优车旗下的全国性大型汽车电商平台,采取线上信息交流平台和线下实体交易相结合的模式,为客户提供高性价比的汽车销售服务。2016年5月正式上线,除官方网站外,神州买买车已入驻天猫等主流电商平台,并在全国150多个城市开设线下实体门店。

神州买买车主打爆款新车销售,打造并行于 4S 店外的汽车电商平台。2016 年"双 11"当日,神州买买车科鲁兹单品订单金额近 3.6 亿元,总订单金额突破 8 亿元。其中,科鲁兹经典单品在线预订量更是达到 8965 辆。活动期间,天猫神州买买车旗舰店流量持续占据天猫平台汽车会场榜首,排名汽车单品销量第二。

2017 年 1 月 9 日,在 90 分钟的天猫直播中,仅天猫买买车旗舰店科鲁兹经典单品总订单金额就突破 2.28 亿元,在线预订达 2717 辆,平均每分钟售出 11 辆,打破了天猫汽车历史成交纪录。神州买买车官网首页如图 6-1 所示。

图 6-1　神州买买车官网

6.1.2　神州买买车的商业模式

神州买买车的产品以新车为主,以二手车为辅,商业模式主要是针对线下 4S 店布局的不足,传统 4S 店主要源于品牌授权,面临较大的成本压力。神州买买车则是利用神州优车集团协同效应,凭借集团与主机厂的较强议价能力,与我国主流整车厂商、4S 店、进口商建立合作,并以包销和代销的形式,通过全国的线下门店、网络销售给线上导流的终端消费者。覆盖从车源、供应链、门店、消费者、汽车后市场服务及旧车处置的全用车周期。

与导流型及其他电商相比,神州买买车在购车、提车以及售车等方面的服务,对 4S 店的脱离更彻底,其更像是一套平行于 4S 店之外的销售渠道。目前,在神州买买车平台上,可以买到别克英朗、别克威朗、大众新朗逸、大众凌渡等主流热销车型。

与传统渠道及其他电商平台相比,神州买买车在汽车金融方面创造性地推出了"先享后买""0 首付"等全新汽车消费模式。不仅提供"低首付、低月供、灵活尾款"的金融方案,为了让更多的消费者提前享受有车一族的生活,还提供了"0 首付"的全新购车金融方案。其还款期限包括 24 期、36 期、48 期。同享 4S 店正规售后维护,同时还在不同阶段推出不同的优惠活动,比如买车享智能电视、双开门冰箱等精彩大礼。

此外,神州买买车还有二手车销售,同样有不同的金融方案可选。在二手车方面,神州买买车承诺了 7 天无理由退换,两年不限里程质保。

6.1.3 神州买买车的核心能力

神州买买车拥有强大的线上线下资源,主要包括流量、用户、数据、车源、供应链、实体店、金融、保险。其竞争优势主要表现在业务闭环、全国性布局、产业链整合、多品牌高效率四个方面。

(1)业务闭环。

线上流量资源和线下网络互补,线上线下相结合,完成闭环交易。

(2)全国性布局。

网点覆盖全国地级以上城市、各类消费者,覆盖面广、纵度深,能弥补厂商渠道的不足。

(3)产业链整合。

全面整合供应链各环节资源,并提供全线产业链服务,满足客户买车及后续服务需求。

(4)多品牌高效率。

神州买买车为消费者提供多样化选择,提高单店销售率。

目前,神州买买车共有超过 3000 名员工。神州买买车正在逐步建立一套比较完整的管理体系,包括下沉的时候如何与合作方合作,如何管理好员工,如何规范线上线下的服务流程等。此外,除了线上流量,神州买买车还有很多线下流量,邀约到店转化也是运营的重点。

依托神州优车集团在汽车领域多年的资源和产业协同优势,神州买买车将秉承"更高质量、更低价格、更多保障"的运营目标,联合战略合作伙伴,通过线上线下相结合的 O2O 模式,构建中国最大的汽车电商平台,提供高流通效率,改善客户体验,迎接汽车流通领域的新变革。

总之,神州买买车从自建渠道入手,使汽车销售线上线下实现更精准契合。但目前公司业务还处于大幅投入阶段,未来神州买买车能否实现目标盈利,能否实现集团各业务板块的协同发展,还需要企业在不断创新的同时,不断提高自身运营水平。

6.2 二手车电商平台——瓜子二手车

6.2.1 瓜子二手车的企业概况

瓜子二手车(图 6-2)的前身是赶集好车,是赶集网内部孵化的项目,于 2015 年 9 月 15 日正式更名为"瓜子二手车直卖网"。当年 11 月 25 日,瓜子二手车完成分拆,在经济上和法律上成了一家独立的公司。时任 58 赶集集团联席董事长杨浩涌以个人名义向瓜子二手车投资 6000 万美元,卸任集团 CEO,并出任瓜子二手车 CEO。

瓜子二手车致力于二手车交易去中介,促成个人买家和卖家的直接交易。截至2017年6月,瓜子二手车实时在售个人车源量超过15万辆,覆盖全国30个省市、超过200个城市,拥有近2000人的二手车评估师团队。

图6-2 瓜子二手车官网

6.2.2 瓜子二手车的商业模式

1)价值定位

瓜子二手车前身为分类信息网站赶集网,如何能让二手车买家来到平台上买车,首先要为二手车用户提供专业的服务,建立起信任。从"赶集好车"更名为"瓜子二手车直卖网",正是为了打造一个二手车专业的服务平台,让用户更好地认识到这个平台区别于原有的信息网站,让线上二手车服务从信息服务转化为电商服务。

瓜子二手车从2015年就开始在全国铺设线下团队提供检测、交易服务,从4S店、二手车市场等挖专业评估师,对平台上的车源进行上门检测,2016年该平台共检测大约200万辆二手车,通过大数据的积累及人工智能算法的加持,以评估二手车的价值。通过二手车检测服务帮助买家了解车况和残值,撮合二手车交易,并提供陪同过户的服务。此外,为了消除用户买到问题车的顾虑,瓜子二手车承诺重大事故车14天可退。

除了专业的服务,瓜子二手车使个人之间的交易没有中间商赚取差价,省去了以往4S店、"黄牛"等二手车中介加价的环节,让利给个人买家和卖家。

2）目标市场

瓜子二手车选择了 C2C 即个人与个人的交易模式,首先需要解决个人车源问题。2016 年投入 10 亿元做广告投入,辐射 LED 广告、公交电视,覆盖了车站、地铁、写字楼等人员密集地区,以及各大卫视黄金时段。数据显示,2015 年 10 月通过广告投入,瓜子二手车流量增长了 5 倍,成交量增长了 2~3 倍。

评估师免费上门拍照登记验车、检测评估,在买家买走车辆之前,卖家可以继续用车。瓜子二手车服务顾问可以带有意向的买家看车,并收取佣金费。为了让这种 C2C 模式走通,瓜子二手车在全国 200 多个城市建立了服务团队,其中评估师团队近 2000 人。

根据公安部交通管理局的统计数据,截至 2018 年 6 月底,全国机动车保有量达 3.19 亿辆。在此情况下,二手车市场面临井喷式增长,而传统的二手车交易市场最为人诟病的地方是交易信息不对称、不透明,中介群体良莠不齐,部分中介出于利益会低价买高价卖,严重伤害了消费者的利益。以瓜子二手车为代表的电商平台的出现和崛起有效地解决了这个行业的顽疾,带给消费者全新的二手车购车体验。

3）盈利模式

瓜子二手车目前的盈利点是 4% 的服务交易佣金,除此之外不收取任何费用。而更多的盈利空间是在汽车后服务市场,二手车交易、金融服务、保险服务、汽车售后服务将会成为瓜子二手车的主要盈利业务。

以金融的布局为例,目前瓜子二手车已经搭建了一个产品丰富的"1+1+1"矩阵式金融开放平台:自有产品+成熟合作伙伴定制化产品+个性化创新产品。具体来说,第一个是瓜子二手车针对一些特定的用户群提供自己的金融产品,这种金融产品可以做到很快捷地放贷。第二个是和一些成熟的合作伙伴推出定制化的产品,瓜子二手车金融业务合作伙伴是包括平安银行、微信在内的 100 家合作伙伴。第三个是把对用户和风险的理解数据开放给合作伙伴,让合作伙伴推出更适合的金融产品来服务整个瓜子二手车的用户。

6.2.3 瓜子二手车的核心能力

瓜子二手车从赶集网独立出来,成为一个独立的服务品牌,为了让人听到"瓜子二手车"就能联想到瓜子二手车直卖网,瓜子二手车持续在品牌广告上投入。以 2017 年春节档的投放为例,其启用了全面覆盖的广告策略,其中电视媒体覆盖全国,落地到城市端的深度广告投放覆盖 100 多个重点城市,涉及网络视频、LED 广告、公交视频、车站以及地铁广告等多个品类,并涵盖多个重大体育赛事。全面立体地向有购买二手车需求的用户宣传。

持续的广告投入让瓜子二手车在品牌认知上甩开了竞争品牌,艾瑞咨询发布的 2017 年 3 月汽车电商移动 APP 月度独立设备数据显示,瓜子二手车月度独立设备数增加至 416 万台,在汽车电商品类中排名第一。易观千帆发布的数据显示,2017 年 3 月,瓜子二手车 APP 下载量达到 714.68 万,超过排名第二的人人车两倍以上。

瓜子二手车重视大数据的挖掘,目前建立了 350 万辆车及 2 亿车主的数据库,应用到车辆估价、残值预估、车源个性化匹配、征信体系等方面。2017 年初,瓜子二手车宣布与 58 集团战略合作,双方在流量、二手车检测、金融风控、车源、大数据等方面展开深度合作。58 同城二手车平台带来了流量优势以及商家车源数据,有助于瓜子二手车建立更加丰富的大数据体系,为二手车定价、估值、后市场提供强有力的技术支持。

继获得融资租赁牌照后,瓜子二手车在2016年底获得了二手车电商领域首张互联网小额贷款牌照;瓜子二手车接入中国人民银行征信体系,同时自营金融业务接入多家银行作为资金方。

6.2.4 瓜子二手车的运营管理

经过两年多的网店铺设,2017年瓜子二手车的服务已经覆盖到全国30多个省(区、市),超过200个城市,公司员工也从最早的1000人发展到8000多人。瓜子二手车的团队主要来自赶集网,原赶集1000多名员工跟随杨浩涌"二次创业"。高管团队中,原瓜子二手车首席运营官COO陈国环2014年在赶集网任职COO,瓜子二手车上线后,负责瓜子二手车的总体运营,搭建线下的直销体系。现在的瓜子二手车高级副总裁祝孝平在陈国环离职后,总体负责销售和运营体系。

在技术产品方面,2017年初,瓜子二手车从宜信挖来了张小沛,任职首席技术官CTO,负责技术、产品和金融业务。目前瓜子二手车金融业务已实现对全国超过150个城市的覆盖。

在融资方面,瓜子二手车从赶集网孵化出来之后,2015年11月,创始人杨浩涌以个人名义向瓜子二手车注资6000万美元。2016年3月,瓜子二手车完成总额超过2.5亿美元的A轮融资,此时瓜子二手车的估值超过10亿美元。2017年6月,瓜子二手车获得B轮超过4亿美元的融资,此时瓜子二手车的估值超过25亿美元。

从定位直卖模式后,瓜子二手车通过强有力的广告向用户传达定位,没有中间商赚差价,打破传统二手车交易模式,直卖模式的创新让瓜子二手车掌握了交易两端的用户。通过线上线下服务的结合,增强了平台服务能力,在一定程度上解决了二手车用户的痛点如车辆信息更加透明、车辆价格更加透明、售后更有保障等,并提升了二手车交易效率。同时,得益于品牌投放势能的积累、大数据及技术的强大优势和线下万人铁军的联动作用,瓜子二手车的规模优势进一步巩固。数据显示,在效率方面,截至2018年3月底,瓜子二手车实现了上架3辆车成交1辆车的转化率,多个城市可达到上架2辆车成交1辆车。

瓜子二手车平台已经成为二手车服务的总要入口,并从交易切入以汽车金融为主的汽车后市场。瓜子二手车在2017年成了二手车电商的入口级平台,月成交量10万多辆;深度布局了汽车金融领域,智能金融云平台合作伙伴超过300家;强化了大数据技术能力,并实现了通过商业数据洞悉消费者行为,驱动业务创新升级。

6.3 综合类汽车电商平台——汽车之家

6.3.1 汽车之家网站的发展概况

汽车之家(图6-3)成立于2005年6月,是全球访问量最大的汽车网站。

图6-3 汽车之家官网

汽车之家为汽车消费者提供选车、买车、用车、换车等所有环节的全面、准确、快捷的一站式服务。汽车之家致力于通过产品服务、数据技术、生态规则和资源为用户和客户赋能,建设"车媒体、车电商、车金融、车生活"4个圈,从"基于内容的垂直领域公司"转型升级为"基于数据技术的'汽车'公司"。

北京时间2017年3月2日,中国领先的汽车互联网服务平台汽车之家发布了截至2016年12月31日未经审计的2016年第四季度及2016年全年财报。财报显示,2016年第四季度,汽车之家净营收同比增长86.3%至20.149亿元人民币。2016年全年净营收同比增长72.1%至59.616亿元人民币,归属于母公司的调整后净利润同比增长29.4%至14.279亿元人民币。2016全年净营收同比增长1%至59.616亿元人民币。归属于母公司的净利润同比增长0%至12.279亿元人民币。经营活动产生的净现金同比增长2%至16.259亿元人民币。

2017年8月"汽车之家"正式发布旗下"车家号"泛汽车领域自媒体内容及服务平台,推出助力汽车之家PGC生态构建的"+计划2.0"战略,标志着汽车之家进一步加速平台化转型。2018年8月,汽车之家正努力由一家汽车垂直媒体网站转型为以数据技术驱动的公司,汽车之家开始清除新车库存,改变之前的自营自销和自建库存模式,锁定轻资产发展的新向。汽车之家CEO陆敏对此强调,之所以不再做自营业务,汽车之家是要专注于自己擅长的事情——内容生产和搭建平台。

6.3.2 汽车之家网站的商业模式

1)战略目标

汽车之家网站定位于为客户提供免费的在线分类信息,搭建资源丰富、信用度高、交互性强的分类信息平台,坚持以"疯狂满足汽车消费者购车及用车需求"为使命。汽车之家坚持把消费者的利益放在首位,帮助顾客购买和使用汽车,为提高消费者生活质量而努力。汽车之家为消费者提供最新最全的汽车报价、汽车查询、最新车型、车型比较、汽车图片、汽车经销商信息、汽车社区等服务,为目标客户提供较优质的服务。

2)目标用户

汽车之家是目前国内较大的汽车导航网站,是能够提供国内外汽车信息的网站,此外还发布一些汽车的报价信息等,所以汽车之家网站的目标用户包括有购车意愿的个人群体和商家,另外还包括想发布自己汽车信息的一些企业或者零售商等。

3)产品和服务

(1)新闻中心。负责及时准确地报道与汽车(行业)相关的信息和事件,重点包括国内外新车车型信息、国内外行业动态及国内外焦点汽车相关事件。

(2)测评频道。基于原创驾驶、专业评测、汽车技术、用车技巧以及原创游记等为主的栏目,其文章推送的特点在于全面、抢先、客观、实用以及独特的视角和生活化特色。

(3)城市频道。目前汽车之家网站已经有300余个城市分站,每个城市频道均为各地区的读者提供及时的购车信息和丰富的经销商活动,并且带来适合当地特色的新闻和导购文章。

(4)导购频道。主要帮助消费者解决选车难的问题,新车图解、深入体验初步海选、车型PK、导购手册等几种不同的文章形式可以在选车的不同阶段提供客观、及时的专业分析和购买推荐。

(5)数据平台。提供汽车相关的数据服务,涵盖了汽车图片库、汽车报价库、车型配置库、车型对比分析等海量数据资源,融合数据查找、调研、统计、分析等多种功能,满足从用户、经销商到汽车生产厂家的各方数据需求。

(6)互动平台。互动论坛的目的是为用户打造最纯净的专业汽车交流平台。从车主的角度出发,以车会友。用真切的体验和数据帮助用户完成从选车到用车的一体化服务。

(7)经销商平台。汽车之家网站的经销商平台拥有过万家的在册4S店,致力于为消费者提供最及时、最全面、最准确的价格信息,通过对易用性的不断改进,在线商家和线上交易额正在逐步攀升,力争打造成中国最大的网上4S店。

(8)二手车平台。汽车之家二手车平台秉承"疯狂满足汽车消费者购车及用车需求"的原则,提供极致的用户体验,建立了严格的车源信息审核机制,定期进行用户回访、意见收集,并不断地改进、完善,力争为用户提供安全、快捷、使用"零"难度的二手车信息平台。

4）盈利模式

商家广告：商家图片、视频广告，还有发表一些汽车公司的软文（新车试驾、对比测试报告等），靠广告赞助来平衡支出，取得利润。

企业合作：与一些汽车生产商和零售商合作，直接卖汽车；跟4S店合作进行汽车美容、维护等综合服务。

6.3.3 汽车之家网站的经营模式

1）经营理念

坚持以用户为中心，做对用户有价值的事。率先提出了为每一款车做一个网站的构架思想；以消费者习惯的方式搭建全面、准确、快速的交互平台。

2）经营策略

搭建全方位的媒体平台。汽车之家网站全面涵盖汽车销售的各个环节，是集信息、数据、互动、营销、经销商、二手车等多平台于一身的综合汽车门户网站。

汽车之家网站为用户提供购买前的信息服务、购买中的数据服务以及购买后的互动服务；为汽车生产厂商提供精准有效的广告投放服务；为汽车经销商提供汽车销售和用户在线沟通平台，是最专业的信息平台、系统最完善的数据平台和最活跃的用户互动平台。

6.3.4 汽车之家网站的管理模式

1）管理模式

汽车之家的管理模式主要可以从其客户关系的管理上来进行探讨。汽车之家自成立以来，汽车之家严格坚守"把汽车消费者的利益放在第一位"的原则，为用户搭建全方位的媒体平台，成为目前我国访问量最高、覆盖面最广、信息量最大、最具用户影响力的专业汽车用户网站。对于这种现象一个很好的解释就是汽车之家有着很好的客户关系的管理。汽车之家在为用户提供很好的信息、把客户利益放在第一位的同时，也与其客户即汽车生产商和零售商有着极好地客户关系，坚持在为用户提供最好的服务的同时，也为客户提供极好的价值回馈，借此维护着关系其生命线的两大群体，保证其稳速、快速运营。

2）核心能力

（1）搜索。作为网络垂直平台，汽车之家坚持以产品为核心创造价值、传播价值，是我国唯一做到"为每一款车型建立一个专属网站"的媒体。

（2）互动。作为用户互动载体，汽车之家坚持以产品为核心分众用户、聚众用户，拥有我国领先的垂直网络媒体互动人群。同时通过社区架构和管理的不断优化，更令这一庞大人群有着领先的用户黏度和优质属性。

汽车之家借助优秀的互联网技术和本着为客户服务的精神，发展迅速，成为目前我国访问量最高、覆盖面最广、信息量最大、最具用户影响力的专业汽车门户网站，正是由于帮助消费者购买和使用汽车，提高生活品质的企业使命促使其一直在提供这类服务的网站中急速发展和壮大。

本章小结

本章第一节以神州买买车为例介绍了汽车销售类电商平台,主要分析了神州买买车的发展概况、商业模式和核心能力,并总结了神州买买车的竞争优势主要表现在业务闭环、全国性布局、产业链整合、多品牌高效率四个方面。

本章第二节以瓜子二手车为例介绍了二手车电商平台,主要分析了瓜子二手车的发展概况、商业模式、核心能力和运营管理。瓜子二手车定位为直卖模式,通过强有力的广告向用户传达定位,没有中间商赚差价,打破了传统二手车交易模式。

本章第三节以汽车之家为例介绍了汽车综合类电商平台,主要分析了汽车之家的商业模式、经营模式和管理模式。汽车之家是目前我国较大的汽车导航网站,是能够提供国内外汽车信息的网站,此外还发布一些汽车的报价信息等。

自测题

一、判断题(在括号内正确的打"√"、错误的打"×")

1. 汽车之家网站全面涵盖汽车销售的各个环节,是集资讯、数据、互动、营销、经销商、二手车等多平台于一身的综合汽车门户网站。( )
2. 汽车之家网站的目标用户包括有购车意愿的个人群体和商家,另外还包括想发布自己汽车信息的一些企业或者零售商等。( )
3. 汽车之家借助优秀的互联网技术和本着为客户服务的精神,已成为目前我国访问量最高、覆盖面最广、信息量最大、最具用户影响力的专业汽车门户网站。( )
4. 瓜子二手车目前的赢利点是服务交易佣金。( )
5. 瓜子二手车前身为分类信息网站赶集网。( )
6. 神州买买车的产品以新车为主,以二手车为辅,商业模式主要是针对线下4S店布局的不足。( )

二、简答题

1. 请简要分析瓜子二手车电商平台的商业模式。
2. 请简要分析汽车之家电商平台的管理模式。

第 7 章　汽车电子商务电子支付系统

导言

本章主要介绍汽车电子商务的电子支付系统,包括电子支付的基本概念、特点、发展阶段、支付模式和基本流程,详细介绍各种电子支付工具的类型和特点,分析汽车电子商务中电子支付形式的应用、存在的安全问题和解决措施。本章的学习内容力求使学生了解汽车电子商务支付系统的基本组成和电子支付工具的使用过程,为日后工作积累一定的专业基本技能。

学习目标

1. 认知目标
(1) 了解电子支付的基本概念;
(2) 理解电子支付的特点和支付模式;
(3) 掌握汽车电子商务中应用的电子支付形式。
2. 技能目标
(1) 熟悉常见的电子支付工具;
(2) 能够正确分析常见电子支付的支付模式;
(3) 能够正确掌握电子支付安全问题的解决方法。
3. 情感目标
(1) 养成善于总结的习惯;
(2) 营造乐学、善学的学习氛围;
(3) 提高语言表达、沟通交流能力。

7.1　认识电子支付

在汽车电子商务活动过程中,最后一个环节就是付款。在信息化、网络化蓬勃发展的今天,消费者不仅可以通过现金或支票进行支付,还可以利用电子支付技术更快捷、方便高效地完成支付。

电子支付将参与汽车电子商务活动的各方,商家、消费者、银行或金融机构、政府等,利用计算机网络,在汽车电子商务系统中,实现完全网上在线电子支付功能。

7.1.1 电子支付概述

1)电子支付的概念

电子商务的交易活动包含三个步骤:交易达成、付款和交货。

电子支付是指从事电子商务交易的各方,包括消费者、厂商和金融机构,通过信息网络,使用安全的信息传输手段,进行货币的支付或资金的流转,从而完成整个交易过程的行为。汽车电子商务的电子支付技术可以让消费者在网上轻松完成付款过程。

2)电子支付的特点

与传统的支付方式相比,电子支付提供了一个方便、省钱和安全的工具,电子支付有如下特征:

(1)电子支付是一种数字化支付方式。

电子支付是采用先进的信息技术来完成信息传输的,其各种支付方式都是采用数字化的方式进行付款,而传统的支付方式则是通过现金的流转、票据的转让及银行的汇兑等物理实体的流转和信息交换来完成付款。

(2)电子支付依托开放的系统平台。

电子支付的工作环境是基于一个开放的互联网系统平台,而传统支付则是在较为封闭的系统中运作,如银行系统的专用网络。

(3)电子支付应用了先进的通信手段。

电子支付使用的是最先进的通信手段,如互联网、外联网,而传统支付使用的则是传统的通信媒介。电子支付对软、硬件设施的要求很高,如网络、计算机、软件及其他一些配套设施,而传统支付除了在银行端有较高的要求,在客户端几乎没有什么要求。

总之,在汽车电子商务活动中,电子支付具有方便、快捷、高效、经济、安全的优势。消费者只要拥有一台联网的计算机,足不出户便可在很短的时间内完成整个支付过程,而传统支付方式是一种非常复杂的过程。

3)电子支付的发展阶段

电子支付经历了以下几个阶段:

(1)银行之间的电子支付:银行利用计算机处理银行之间的业务,办理结算。

(2)银行和机构之间的电子支付:银行计算机与其他机构计算机之间进行资金结算。

(3)以自动柜员机为依托的电子支付:银行利用网络终端向消费者提供各项银行业务。

(4)以销售终端为依托的电子支付:利用银行销售终端向消费者提供自动的扣款服务。

(5)网上支付:电子支付可随时随地通过 Internet 进行直接的转账结算,形成电子商务环境,即网上支付。

4)常见的电子支付模式

现阶段我国常见的电子支付模式主要有以下 4 种:

(1)支付网关型模式。

支付网关型模式是指一些具有较强的银行接口技术的第三方支付公司,以中介的形式分别连接商家和银行,从而完成商家的电子支付的模式。这样的第三方支付公司包括网银在线、上海环讯、北京首信等,它们只是商家到银行的通道而不是真正的支付平台,它们的收入主要是与银行的二次结算获得的分成,一旦商家和银行直接相连,这种模式就会因为附加值低而被淘汰。

(2) 自建支付平台模式。

自建支付平台模式是指由拥有庞大用户群体的大型电子商务公司为主创建或它们自己创建支付平台的模式,这种模式的实质便是以所创建的支付平台作为信用中介,在买家确认收到商品前,代替买卖双方暂时保管货款。这种担保使得买卖双方的交易风险得到控制,主要解决了交易中的安全问题,容易保证消费者的忠诚度。采用自建支付平台模式的企业有淘宝网、eBay 易趣、慧聪网、贝宝等。

(3) 第三方垫付模式。

第三方垫付模式是指由第三方支付公司为买家垫付资金或设立虚拟账户的模式。它通过买卖双方在交易平台内部开立的账号,以虚拟资金为介质完成网上交易款项支付,这样的公司有快钱、易宝等。

(4) 多种支付手段结合模式。

多种支付手段结合模式是指第三方电子支付公司利用电话支付、移动支付和网上支付等多种方式提供支付平台的模式。

5) 电子支付的基本流程

无论基于以上何种支付模式,电子支付的基本流程大致相同(图 7-1):

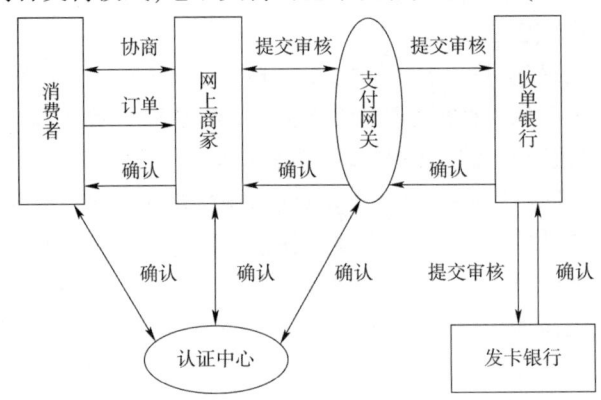

图 7-1 电子支付的基本流程

(1) 消费者利用自己的计算机通过互联网选定所要购买的物品,并利用计算机给商家下定货单,包括购买物品名称及数量、交货时间地点及收货人信息等。

(2) 通过服务器与有关商家联系,并实现即时应答,告知消费者所购货物单价、应付款项、交货等信息。

(3) 消费者选择付款方式,确认订单,签发付款指令,同时实现安全认证。

(4) 经过认证中心,消费者对订单和付款指令进行数字签名。同时利用双重签名技术保证商家无法看到消费者的账号信息。

(5) 在线商家获得消费者订单确认通知后,通过消费者所在银行请求支付认可,具体步骤是:将申请审核信息通过支付网关送达收单银行,再由收单银行发送至发卡银行,发卡银行对支付信息确认后,将付款信息返回至在线商家。

(6)得到支付认可信息的在线商家将发送订单确认信息给消费者。消费者端的软件可记录交易日志,以备将来查询。

(7)在线商家发送货物,或提供服务,并通知收单银行将货款从消费者的账户转移到商家账户,或通知发卡银行请求支付。

7.1.2 电子支付工具

这里详细介绍4种常见的电子支付工具,分别是电子现金、银行卡支付、电子支票和电子钱包。

1)电子现金

(1)电子现金的概念。

电子现金(E-Cash)又称为数字现金,是一种表示现金的加密序列数。它可以用来表示现实中各种金额的币值,是一种以数据形式流通的,通过网络支付时使用的现金。

(2)电子现金的属性。

①货币价值。数字现金必须有一定的现金、银行授权的信用或银行证明的现金支票进行支持。当数字现金被一家银行产生并被另一家所接受时不能存在任何不兼容性问题。如果失去了银行的支持,数字现金会有一些风险,可能存在支持资金不足的问题。

②可交换性。数字现金可以与纸币、商品/服务、网上信用卡、银行账户存储金额、支票或负债等进行互换。

③可存储性。可存储性将允许用户在家庭、办公室或途中对存储在一个计算机的外存、IC卡,或者其他更易于传输的标准或特殊用途的设备中的数字现金进行存储和检索。

④不可重复性。必须防止数字现金的复制和重复使用(double-spending)。因为买方可能用同一个数字现金在不同国家、地区的网上商店同时购物,这就造成数字现金的重复使用。一般的数字现金系统会建立事后(post-fact)检测和惩罚。

(3)电子现金的特点。

①协议性。电子现金的应用要求银行和商家之间就有协议和授权关系,电子现金银行负责消费者和商家之间资金的转移。

②对软件依赖性。消费者、商家和电子现金银行都需使用电子现金软件。

③灵活性。电子现金具有现金特点,可以存、取、转让;可以申请到非常小的面额,所以电子现金适用于小额交易。

④可鉴别性。身份验证是由电子现金本身完成的,电子现金银行在发放电子现金使用了数字签名,卖方在每次交易中,将电子现金传送给电子现金银行,由银行验证买方支持的电子现金是否有效(伪造或使用过等)。

(4)电子现金存在的问题。

①目前的使用量小。目前只有少数几家银行提供电子现金开户服务,也只有少数商家接受电子现金。

②成本较高。电子现金对于硬件和软件的技术要求都较高,需要一个大型的数据库存储用户的交易和电子现金序列号,以防止重复消费。

③存在货币兑换问题。由于电子货币仍以传统的货币体系为基础,因此各国银行只能以各国本币的形式发行电子现金,因此从事跨国贸易就必须要使用特殊的兑换软件。

2)银行卡支付方式

目前,基于银行卡的支付有4种类型:无安全措施的银行卡支付、通过第三方代理人的支付、简单银行卡加密、SET银行卡方式。

(1)无安全措施的银行卡支付。

买方通过网上从卖方订货,而银行卡信息通过电话、传真等非网上传送,或者银行卡信息在互联网上传送,但无任何安全措施,卖方与银行之间使用各自现有的银行商家专用网络授权来检查银行卡的真伪。这种支付方式具有以下特点:

①由于卖方没有得到买方的签字,如果买方拒付或否认购买行为,卖方将承担一定的风险。

②银行卡信息可以在线传送,但无安全措施,买方(即持卡人)将承担银行卡信息在传输过程中被盗取及卖方获得银行卡信息等风险。

(2)通过第三方代理人的支付。

改善银行卡事务处理安全性的一个途径就是在买方和卖方之间启用第三方代理,目的是使卖方看不到买方银行卡信息,避免银行卡信息在网上多次公开传输而导致的银行卡信息被窃取。

①第三方代理人支付方式的支付流程。

a. 买方在线或离线在第三方代理人处开账号,第三方代理人持有买方银行卡号和账号。

b. 买方用账号从卖方在线订货,即将账号传送给卖方。

c. 卖方将买方账号提供给第三方代理人,第三方代理人验证账号信息,将验证信息返回给卖方。

d. 卖方确定接收订货。

②第三方代理人服务的特点。

a. 支付是通过双方都信任的第三方完成的。

b. 银行卡信息不在开放的网络上多次传送,买方有可能离线在第三方开设账号,这样买方没有银行卡信息被盗窃的风险。

c. 卖方信任第三方,因此卖方也没有风险。

d. 买卖双方预先获得第三方的某种协议,即买方在第三方处开设账号,卖方成为第三方的特约商户。

(3)简单加密银行卡支付。

简单加密银行卡支付模式原理:使用简单加密银行卡模式付费时,当银行卡信息被买方输入浏览器窗口或其他电子商务设备时,银行卡信息就被简单加密,安全地作为加密信息通过网络从买方向卖方传递。采用的加密协议有SHTTP、SSL等。

(4)SET信用卡支付。

SET协议保障了Internet上信用卡支付的安全性,利用SET协议制定的过程规范,可以实现电子商务交易过程的机密性、认证性、数据完整性等安全要求。SET提供商家和收单银行的认证,是目前用信用卡进行网上支付的国际标准。

3）电子支票

（1）电子支票的概念。

电子支票（Electronic Check）是一种借鉴纸张支票转移支付的优点，利用数字传递将钱款从一个账户转移到另一个账户的电子付款形式。电子支票主要用于企业与企业之间的大额付款。电子支票的支付一般是通过专用的网络、设备、软件及一整套的用户识别、标准报文、数据验证等规范化协议完成数据传输，从而可以有效控制安全性。

（2）电子支票支付方式的特点。

①电子支票与传统支票工作方式相同，易于理解和接受。

②加密的电子支票使它们比数字现金更易于流通，买卖双方的银行只要用公开密钥认证确认支票即可，数字签名也可以被自动验证。

③电子支票适于各种市场，可以很容易地与 EDI 应用结合，推动 EDI 基础上的电子订货和支付。

④电子支票技术将公共网络连入金融支付和银行清算网络。

（3）电子支票支付方式的优势。

①处理速度高；

②安全性能好；

③处理成本低；

④给金融机构带来效益。

（4）电子支票的使用过程。

①申请电子支票。

②电子支票付款。

a. 用户和商家达成购销协议选择用电子支票支付。

b. 用户在计算机上填写电子支票，电子支票上包含支付人姓名、支付人账户名、接收人姓名、支票金额等。用自己的私钥在电子支票上进行数字签名，用卖方的公钥加密电子支票，形成电子支票文档。

c. 用户通过网络向商家发出电子支票，同时向银行发出付款通知单。

d. 商家收到电子支票后进行解密，验证付款方的数字签名，背书电子支票，填写进账单，并对进账单进行数字签名。

e. 商家将经过背书的电子支票及签名过的进账单通过网络发给收款方开户银行。

f. 收款方开户银行验证付款方和收款方的数字签名后，通过金融网络发给付款方开户银行。

g. 付款方开户银行验证收款方开户银行和付款方的数字签名后，从付款方账户划出款项，收款方开户银行在收款方账户存入款项。

4）电子钱包

（1）电子钱包的概念。

电子钱包（Ewallet）是电子商务活动中购物顾客常用的一种支付工具，是小额购物或购买小商品时常用的新式"钱包"。电子钱包是一个用来携带信用卡或借记卡的可在具有中文环境的 Windows 95 或 Windows NT 操作系统上独立运行的软件，就像生活中随身携带的钱包一样。持卡人将这种电子钱包安装在自己的微机上，在进行网上安全电子交易时使用。

（2）电子钱包的作用。

①保证个人卡资料信息在网上传输的安全性；

②利用国际标准的 SET 协议对商户提供身份确认；

③保存多张卡资料；

④及时通知商户接收及认可订单；

⑤随时查询历史交易信息；

⑥电子安全证书的管理，包括电子安全证书的申请、存储、删除等。

（3）电子钱包的使用过程（以中国银行的长城电子借记卡为例）。

①申请一张中国银行的长城电子借记卡；

②获得中银电子钱包；

③安装中银电子钱包；

④申请证书；

⑤订购商品；

⑥付款。

（4）使用电子钱包应注意的问题。

①持卡人在线申请电子安全证书必须在电子钱包中进行。

②电子钱包实行密码管理，持卡人每次使用电子钱包都须键入密码，所以持卡人对自己的用户名及口令应该严格保密，以防电子钱包被他人窃取，否则就像生活中钱包丢失一样有可能会带来一定的经济损失。

7.2 汽车电子商务中的电子支付安全

7.2.1 汽车电子商务网上支付系统

汽车电子商务网上支付系统是汽车电子商务系统的重要组成部分，主要是指消费者、商家和金融机构之间使用安全电子手段进行交易或服务，运用新型支付手段，通过网络安全地传送到银行或处理机构实现电子支付。网上支付系统信息流如图 7-2 所示。

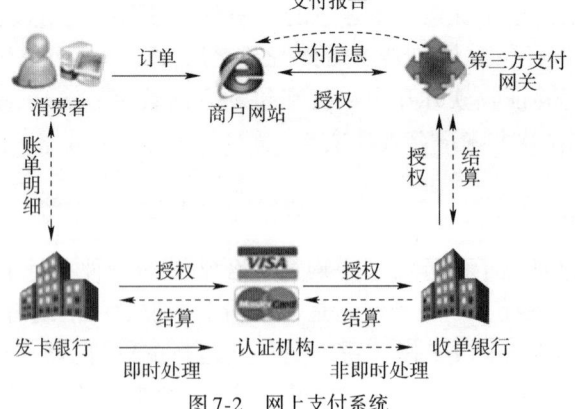

图 7-2 网上支付系统

1）消费者

消费者指利用电子交易手段与汽车企业或汽车销售商进行电子交易活动的单位或个人。通过电子交易平台与汽车销售商交流信息，签订交易合同，利用网络支付工具进行支付。

2）商家

商家指向消费者提供汽车有关商品或服务的单位或个人。在汽车电子商务系统的电子支付系统中，能够根据消费者发出支付指令向金融机构请求结算。一般由专门的服务器处理。

3）认证机构

认证机构是进行汽车交易各方都信任的公正的第三方中介机构，主要负责在汽车电子商务的电子支付过程中发放和维护数字证书，以确认各方的真实身份，保证电子交易过程支付的安全。

4）支付网关

支付网关是完成银行网络和互联网之间的通信、协议转换和进行数据加密、解密，保护银行内部网络安全的服务器。是连接互联网和银行的金融专用网络平台接口。汽车电子商务的电子支付必须通过支付网关进行处理后才可以进入银行内部的支付结算系统。

5）银行

银行指专为汽车消费者和汽车商家提供资金账户和网络支付工具的银行，完成消费者和商家之间的支付核算工作。

6）金融专用网络

金融专用网络是银行内部及各行之间交流信息的封闭专用网络，稳定性和安全性都较高。

7.2.2　汽车电子商务中的电子支付形式

1）网上银行

网上银行又称网络银行、电子银行或在线银行，是指银行利用 Internet 技术，通过 Internet 向客户提供开户、销户、查询、转账、信贷等传统服务项目，使客户可以在网上安全便捷地管理自己的资金流转等业务。

（1）网上银行的特点。

网上银行的各种特点可以为用户提供更好的服务：

①省时省力。所有操作都在网上进行，不受时间地点的限制，更便捷。这样使商务实施的双方都享受全天 24 小时实时服务，为汽车电子商务客户省去大量时间和精力。

②省钱。同一笔转账业务，通过网上进行和通过银行柜台进行，所消耗的成本是不同的，网上银行转账的成本大大低于柜台（柜台的成本包括场地租赁、人员工资、设备购置、系统维护等），由于网上银行节省了银行本身的成本，国内网上银行进行转账和交费等业务都会给客户更多的折扣，各银行的优惠程度不同。

③交易明细清晰可见。网上银行提供银行账户的各项详细资料查询功能。消费者可以查询资金情况，交易明细和转汇账的详细记录。

④安全。使用动态口令、U 盾等账户密码保护，使消费者的信息更安全。

(2)网上银行的主要业务。

第一类是基础网上银行业务,包括以下内容:

①信息服务:公共信息发布、最新市场行情。主要是宣传银行能够给客户提供的产品和服务,包括存贷款利率、外汇牌价查询,投资理财咨询等。这是银行通过互联网提供的最基本的服务,一般由银行一个独立的服务器提供。这类业务的服务器与银行内部网络无链接路径,风险较低。

②客户交流服务:客户信息服务、账户查询、贷款申请等。包括电子邮件、账户查询、贷款申请、档案资料(如住址、姓名等)定期更新。该类服务使银行内部网络系统与客户之间保持一定的链接,银行必须采取合适的控制手段,监测和防止黑客入侵银行内部网络系统。

③银行交易服务:转账汇款业务、外汇买卖、住房按揭贷款等。包括个人业务和公司业务两类。这是网上银行业务的主体。个人业务包括转账、汇款、代缴费用、按揭贷款、证券买卖和外汇买卖等。公司业务包括结算业务、信贷业务、国际业务和投资银行业务等。银行交易服务系统服务器与银行内部网络直接相连,无论从业务本身或是网络系统安全角度,均存在较大风险。

第二类是新兴网上银行业务,指银行利用网络的优势和特点开发的新业务。为各种电子商务提供网上支付服务、代缴费服务、移动电子支付、银行转账等。

第三类是附属的网上银行业务,提供与银行业务相关的业务。客户身份验证、交易双方身份验证、客户网上银行系统建设等。

网上银行的基本流程如图7-3所示。

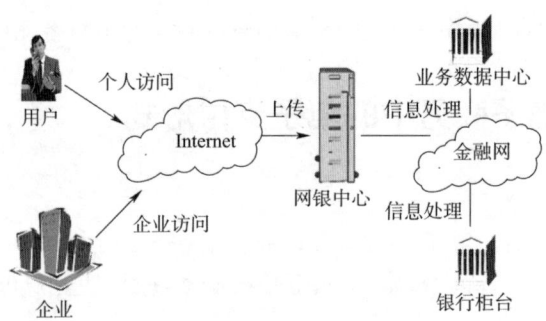

图7-3 网上银行基本流程

(3)开通网上银行业务的申请流程。

①个人网上银行的业务申请:

a.申请银行卡;

b.注册并开通网上银行;

c.安装个人网上银行控件;

d.登录个人网上银行,进行业务办理。

②企业的网上银行的业务申请:

a.开立账户;

b.填写申请协议表格;

c.银行柜台申请;

d. 银行审核验证;
e. 企业领取资料,银行系统管理密码,数字认证,程序驱动;
f. 下载安装程序,进行数字证书等系统设置;
g. 开通网上金融服务业务,进行业务处理。

2) 手机银行

手机银行又称移动银行,是由通信公司与银行合作开通的业务,也是利用移动通信网络及终端办理相关银行业务的简称。手机银行业务不仅可以使人们在任何时间、任何地点处理多种金融业务,而且极大地丰富了银行服务的内涵,使银行能以便利、高效而又较为安全的方式为客户提供传统和创新的服务。手机银行有以下几种方式:

(1) 短信方式。

短信方式是指客户通过编辑发送特定格式短信到银行的客服,银行按照客户指令为客户办理相关业务,并将交易结果以短信方式通知客户的服务方式。

(2) WAP 模式。

手机银行的 WAP 模式是指银行依托移动通信运营商的网络,基于 WAP 技术,为手机客户提供的账户查询、转账、缴费付款、消费支付等金融服务的电子银行业务。

(3) 客户端模式。

客户端模式是需要用户的手机安装相应的客户端软件,然后通过软件进行办理各种银行业务的操作。

3) 电话银行

利用电话自助语音和人工服务方式为客户提供账户信息查询、转账汇款、缴费支付、业务咨询等金融服务的电子银行业务。

电话银行简单易操作,且功能强大;密码安全方便;银行电话号码统一,支持全国漫游。

4) 第三方支付平台

除了上述方式外,还有一种方式既能够方便地进行支付,也可以相对降低网络支付的风险,那就是第三方支付(图 7-4)。根据艾瑞资讯数据,我国第三方支付网上支付规模比以往都有很大增长,网上购物的交易额大部分都是通过第三方支付平台完成的。

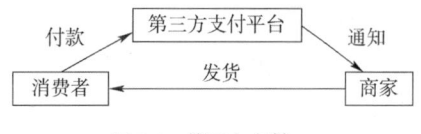

图 7-4 第三方支付

第三方支付平台就是由一些与国内外各银行签约,具备一定实力和信誉保障的第三方独立机构提供的交易支持平台。当消费者购物时,可以通过第三方支付平台给商家付款,也可以网上银行、手机银行、电话银行和手机充值卡等多种方式进行支付,还可以通过实体营业网点进行支付,支付平台收款后通知商家,商家便会把货物发送给消费者。通过第三方支付提供的服务,可以方便、省钱和安全地进行支付。

7.2.3 电子支付存在的安全问题及解决措施

1) 存在的问题

(1) 用户身份非法冒充。不法分子盗用合法用户的身份信息与他人进行交易,从而获得非法利益。以非法手段窃得对数据的使用权,删除、修改、插入或重发某些重要信息,以取得有益于攻击者的非法响应并进行恶意添加、修改数据,以干扰用户的正常使用。

(2)未经授权访问。未经许可就使用网络或计算机资源被看作非授权访问,如有意避开系统访问控制机制,对网络设备及资源进行非正常使用,或擅自扩大权限,越权访问信息等。

2)采取的措施

(1)利用加密技术保证支付的机密性。

①加密技术。

a.对称加密技术。在对称加密中,对信息的加密和解密都使用相同的密钥。使用对称加密方法将简化加密的处理,贸易双方采用相同的加密算法并只交换共享的专用密钥。如果进行通信的贸易方能够确保专用密钥在密钥交换阶段未曾泄露,那么机密性和报文完整性就可以通过对称加密方法实现,机密信息会通过随报文一起发送的报文摘要或报文散列值来实现。对称加密方式存在的问题是:无法鉴别贸易发起方和贸易接收方的身份。因为贸易双方共享同一把专用密钥,贸易双方的任何信息都是通过这把密钥加密后传送给对方的。

b.非对称加密技术。在非对称加密体系中,密钥被分解为一对密钥,即一把公开密钥(加密密钥)和一把专用密钥(解密密钥)。这对密钥中的任何一把密钥都可作为公开密钥(加密密钥)通过非保密方式向他人公开,而另一把则作为专用密钥(解密密钥)加以保存。公开密钥用于对机密性的加密,专用密钥则用于对加密信息的解密。专用密钥只能由生成密钥对的贸易方掌握,公开密钥可广泛发布,但它只对应于生成该密钥的贸易方。贸易方利用该方案实现机密信息交换的基本过程是:贸易甲方生成一对密钥并将其中的一把作为公开密钥向其他贸易方公开;得到该公开密钥的贸易乙方使用该密钥对机密信息进行加密后再发送给贸易甲方;贸易甲方再用自己保存的另一把专用密钥对加密后的信息进行解密。贸易甲方只能用其专用密钥解密由其公开密钥加密后的任何信息。

②数字信封。

数字信封利用了上面两种加密技术的优点来确保信息的安全传输,克服了对称密钥加密中对称密钥分发困难和公开密钥加密中加密时间长的问题。

(2)利用验证技术保证支付的真实性、完整性。

在保证消息的真实性和完整性方面,主要采用的是基于非对称加密算法的验证技术,包括数字签名、身份验证等技术。

①数字签名。

数字签名并不是新的加密算法,而是现有加密算法的综合应用。它应用的是数字摘要和公开密钥加密技术。因为数字摘要技术能够识破信息的篡改,而公开密钥加密技术能够确认信息的来源。

在数字签名系统中,信息发送方的任务是:组织信息;求出它的数字摘要;加密数字摘要,且附上发送信息。而接收方的任务是:利用发送方的密钥来解密发送方的数字摘要;求出接收信息的数字摘要;比较两个数字摘要,若相等,则说明接收信息准确无误。

②安全认证机构。

电子商务认证授权机构也称为电子商务认证中心,是负责发放和管理数字证书的权威机构,并作为电子商务交易中受信任的第三方,承担公钥合法性的检验责任。

为保证交易双方在网上传递信息的安全性、真实性、可靠性、完整性和不可抵赖性,不仅需要对用户的身份真实性进行验证,也需要有一个具有权威性、公正性、唯一性的机构,负责向电子商务的各个主体颁发并管理符合国内、国际安全电子交易协议标准的安全证书,并负责管理所有参与网上交易的个体所需的数字证书,因此电子商务认证授权是安全电子交易的核心环节。

(3)支付网关技术。

支付网关通常位于公网和传统的银行网络之间,或者终端和收费系统之间。支付网关技术能完成通信协议转换和数据加解密功能,并可以保护银行内部网络。此外,支付网关还具有密钥保护和证书管理等功能。

支付网关可确保交易在 Internet 用户和商家交易处理过程中安全、无缝的传递,并且无须对原有主机系统进行修改。它可以处理所有 Internet 支付协议、Internet 安全协议、交易交换、信息及协议的转换以及本地授权和结算处理。另外,它还可以通过设置来满足特定交易处理系统的要求。离开了支付网关,网络银行的电子支付功能也就无法实现。

支付网关是能将 Internet 传来的数据包解密,并按照银行系统内部的通信协议将数据重新打包;接收银行系统内部的传回来的响应消息,将数据转换为 Internet 传送的数据格式,并对其进行加密。即支付网关主要完成通信、协议转换和数据加解密功能,以保护银行内部网络。

具体地说,银行使用支付网关可以实现以下功能:

①配置和安装 Internet 支付能力。
②防止对现有主机系统的修改。
③采用直观的用户图形接口进行系统管理。
④适应电子支票、电子现金以及微电子支付等多种电子支付手段。
⑤提供完整的用户支付处理功能,包括授权、数据捕获和结算及对账等。
⑥通过对 Internet 上交易的报告和跟踪,对网上活动进行监视。
⑦通过采用 RSA 公共密钥加密和 SET 协议,可以确保网络交易的安全性。
⑧使 Internet 的支付处理过程与当前支付处理商的业务模式相符,确保商户信息管理上的一致性,并为支付处理商进入 Internet 交易处理提供机会。
⑨进行搜索引擎的设置。

(4)防火墙技术。

为了确保信息安全,避免黑客对网络的威胁与攻击,防止对网络资源不正当的存取,保护信息资源而采取的一种手段就是设置防火墙。防火墙提供对网络的信息存取控制功能,保护信息资源,是 Intranet 和 Internet 之间设置的一种过滤器、限制器。防火墙系统负责管理 Internet 和内部网络之间的访问,主要作用是在网络入口点检查网络通信,根据所设定的安全规则,在保护内部网络安全的前提下,提供内外网络的通信。所有通过 Internet 的信息都必须先经过防火墙的过滤、检查和存取控制。

(5)采用黑匣子模型增强客户端安全。

在计算机技术中用"黑盒"来表示技术的实现被完全封装起来,在这里提出电子支付的

"黑盒模型"。其含义是指用户端的输入、信息加密、解密、通信控制、安全检测等被完全封装到一个模块中,这个模块与用户计算机之间只交换加密信息,加密信息通过 Internet 被送到银行服务器。

3)常用的安全协议

(1)SSL 安全协议。

SSL 是安全套接层协议(Secure Socket Layer)的英文缩写,SSL 协议是一种安全传输协议,能够对信用卡和个人信息、电子商务提供较强的加密保护。SSL 安全协议是国际上最早应用于电子商务的一种网络安全协议。目前已经成为互联网上用来鉴别网站和网页浏览者的身份,以及在浏览器使用者及网页服务器之间进行加密通信的全球化标准协议。由于 SSL 技术已建立到所有主要的浏览器和 Web 服务器程序当中。因此,仅需安装数字证书,或服务器证书就可以激活服务器功能了。

(2)SET 安全协议。

SET 是电子商务交易安全协议(Secure Electronic Transaction)的英文缩写,是一种应用于开放网络环境下、以智能卡为基础的电子支付系统协议。它给出了一套完备的电子交易过程的安全协议,可实现电子商务交易中的加密、认证、密钥管理等任务。在保留对客户信用卡认证的前提下,SET 增加了对商家身份的认证。

本章小结

本章第一节主要介绍电子支付的基本概念、特点、发展阶段,详细介绍支付网关型模式、自建支付平台模式、第三方垫付模式、多种支付手段结合模式 4 种常见的电子支付模式,介绍电子支付的基本流程,从类型、特点等方面介绍电子现金、银行卡支付、电子支票和电子钱包 4 种常见的电子支付工具。

本章第二节主要介绍汽车电子商务的网上支付系统,包括网上支付系统的组成、汽车电子商务中常见电子支付形式的应用、电子支付中存在的安全问题,分析基于加密技术、验证技术、支付网关技术、防火墙技术和黑匣子模型等多种安全问题的解决措施。

自测题

一、单项选择题(下列各题的备选答案中,只有一个选项是正确的,请把正确答案的序号填写在括号内)

1.目前的电子支付处于以下哪个发展阶段?(　　)

  A.银行之间的电子支付　　　　　　B.银行和机构之间的电子支付

  C.以销售终端为依托的电子支付　　D.网上支付

2.以下不属于电子现金特点的是(　　)。

  A.协议性　　　　　　　　　　　　B.对软件依赖性

  C.灵活性　　　　　　　　　　　　D.不可鉴别性

3.（　　）是指从事电子商务交易的各方，包括消费者、厂商和金融机构，通过信息网络，使用安全的信息传输手段，进行货币的支付或资金的流转，从而完成整个交易过程的行为。

　　A. 网上银行　　　　　　　　　　B. 电子支付
　　C. 电子现金　　　　　　　　　　D. 电子发票

二、多项选择题（下列各题的备选答案中，有一个或多个选项是正确的，请把正确答案的序号填写在括号内）

1. 汽车电子商务网上支付系统主要由消费者、商家、认证机构、（　　）等要素组成。
　　A. 支付网关　　　　　　　　　　B. 银行
　　C. 金融专用网络　　　　　　　　D. 买家

2. 以下属于网上银行特点的是（　　）。
　　A. 省时省力　　　　　　　　　　B. 省钱
　　C. 交易明细清晰可见　　　　　　D. 安全

3. 以下属于电子现金属性的是（　　）。
　　A. 货币价值　　　　　　　　　　B. 可交换性
　　C. 可存储性　　　　　　　　　　D. 不可重复性

三、判断题（在括号内正确的打"√"，错误的打"×"）

1. 支付网关通常位于公网和传统的银行网络、终端和收费系统之间。　（　　）
2. 在对称加密中，对信息的加密和解密使用不相同的密钥。　（　　）
3. CA 是电子商务认证授权机构（Certificate Authority）的英文缩写，也称为电子商务认证中心。　（　　）
4. 加密的电子支票使它们比数字现金更易于流通，买卖双方的银行只要用公开密钥认证确认支票即可，数字签名也可以被自动验证。　（　　）
5. 在非对称加密体系中，密钥被分解为一对密钥，即一把公开密钥（加密密钥）和一把专用密钥（解密密钥）。　（　　）

四、简答题

1. 请简要分析汽车电子商务中常用的电子支付形式。
2. 请简要分析电子支付存在的安全问题及解决措施。
3. 请简要分析电子支付的基本流程。

第8章 汽车电子商务网站建设

导言

本章主要介绍电子商务网站相关的概念、功能、分类和组成,介绍电子商务网站的硬件平台和软件平台,介绍汽车电子商务网站建设的基本流程和汽车电子商务网站系统内容的设计、网页内容的设计。本章的学习内容力求使学生了解汽车电子商务网站设计与建设的相关内容,能够正确使用相关工具进行简单的汽车电子商务网站建设,为以后工作打下坚实的基础。

学习目标

1. 认知目标
(1) 了解网页与网站的基本概念;
(2) 理解网页设计的基本流程;
(3) 掌握网页布局的基本方式。
2. 技能目标
(1) 能够正确安装相关软件工具;
(2) 能够正确分析汽车网站的需求并对网页内容正确布局;
(3) 能够按照网站功能对汽车网站进行适当美化。
3. 情感目标
(1) 养成善于思考、分析的习惯;
(2) 营造乐学、善学的学习氛围;
(3) 提高语言表达、沟通交流能力。

8.1 电子商务网站建设概述

随着网络及汽车行业的逐步成熟,无数与汽车相关的电子商务网站应运而生,并作为汽车类信息的载体在如今的中国汽车消费、生活中起着信息普及、传播甚至消费引导的作用。汽车电子商务网站设计的合理性决定了网站传递信息的效果。汽车企业可以针对自己企业特点自行建立自己的网站,也可以委托专业的网站建设公司帮助建站。

8.1.1 网页和网站

1)网页

网页(Web),是用 HTML 语言编写的,通过 WWW 网传输,并被 Web 浏览器翻译成可以显示出来的集合文本、图片、声音和动画等信息元素的页面文件。构建网页的基本元素包括文本、图像和超链接,其他元素包括声音、动画、视频、表格、导航栏、表单等。

根据页面内容的不同,网页可以分为首页、主页、专栏网页、内容网页和功能网页等类型;按照制作技术不同,网页可以分为静态网页和动态网页。

2)网站

网站(Website)是指在 Internet 上根据一定的规则,使用 HTML(标准通用标记语言下的一个应用)等工具制作的用于展示特定内容相关网页的集合。简单地说,网站是一种沟通工具,人们可以通过网站来发布自己想要公开的资讯,或者利用网站来提供相关的网络服务。人们可以通过网页浏览器来访问网站,获取自己需要的资讯或者享受网络服务。

3)电子商务网站

电子商务网站是指一个企业、机构或公司为了宣传企业形象、发布产品信息、宣传经济法规、提供商业服务等在互联网上建立的站点。电子商务网站覆盖了经济、市场、金融、管理、人力资源、商业与技术等各个方面。广义来说,电子商务网站是企业开展电子商务的基础设施和信息平台,是实施电子商务的公司或商家与服务对象之间的交互界面,是电子商务系统运转的承担者和表现者。狭义地说,电子商务网站是为货物贸易和服务交易提供相关服务的网站。

8.1.2 电子商务网站的功能

根据企业建立电子商务的目的不同,电子商务网站的功能也就不同。主要包括以下几种情况:

(1)企业形象宣传;
(2)新闻发布、供求信息发布;
(3)产品和服务项目展示;
(4)商品和服务订购;
(5)转账与支付、物流应用;
(6)信息搜索和查询;
(7)客户信息管理;
(8)销售业务信息管理。

根据波特的五力竞争模型,如图 8-1 所示,企业电子商务网站的服务对象有客户、供应商、媒体和股东等。根据不同的对象,企业电子商务网站服务的内容不同:

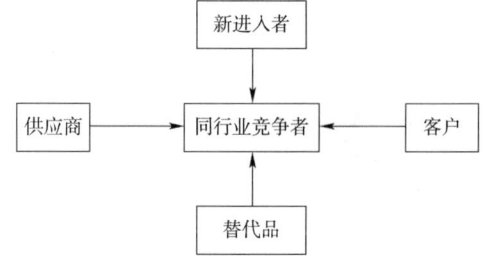

图 8-1 波特的五力竞争模型

(1)为客户提供的服务有:提供产品信息服务;预定和咨询、直接销售售后服务;动态服务状态查询。

(2)为供应商提供的服务有:建立电子采购模式和环境;建立批发营销网络,完成代理支持和管理;建立企业间销售、市场、开发和交流合作。

(3)为媒体和股东提供的服务有:发布企业动态和经营的状况。

8.1.3 电子商务网站的分类

1)若按照商务目的和业务功能进行分类,电子商务网站可分为以下几种:

(1)基本型商务网站。

建站的目的:进行企业的宣传和为客户服务。

适用企业包括:小型企业和想尝试网站效果的大、中型企业。

功能特点:网站构建价格低廉、性能价格比高、具备基本的商务网站功能。

实现方法:搭建在公众的多媒体网络基础平台上,外包给专门公司来搭建。

(2)宣传型商务网站。

建站的目的:通过宣传产品和服务项目,发布企业的动态信息、提升企业的形象、扩大品牌影响、拓展海内外市场。

适用企业包括:各类企业,特别是已有外贸业务的或欲开拓外贸业务的企业。

功能特点:具备基本的网站功能,突出企业宣传效果。

实现方法:将网站构建在具有很高知名度和很强伸展性的网络基础平台上,以便在未来的商务运作中借助先进的开发工具和增加应用系统模块,升级为客户服务型或完全电子商务运作型网站。

(3)客户服务型商务网站。

建站的目的:通过宣传公司形象与产品,达到与客户实时沟通及为产品或服务提供技术支持的效果,从而降低成本、提高工作效率。

适用企业:各类企业。

功能特点:以企业宣传和客户服务为主要的功能。

实现的方法:可以将网站构建在具有很高知名度和很强伸展性的网络基础平台上。也可以自己构建网络平台和电子商务基础平台,该类网站通过简单的改造即可以升级为完全电子商务运作型网站。

(4)完全电子商务运作型网站。

建站的目的:通过网站公司整体形象与推广产品及服务,实现网上客户服务和产品在线销售,并着力实现网上客户服务和产品在线销售,从而直接为企业创造效益,提高企业的竞争力。

适用企业:各类具备条件的企业。

功能特点:具备完全的电子商务功能,并突出公司形象宣传、客户服务和电子商务功能。

实现方法:将网站构建在具有很高知名度和很强伸展性的网络基础平台上,有条件也可以自己构建网络平台和电子商务基础平台。

2)若按站点拥有者的职能进行分类,电子商务网站可分为以下几种:

(1)生产型商务网站。

网站的拥有者:生产产品和提供服务企业。

建站的目的:推广、宣传其产品和服务,实现在线采购、在线产品销售和在线技术支持等商务功能。

网站特点:信息量大,并提供大额订单。

(2)流通型商务网站。

网站提供者:流通企业

建站的目的:宣传和推广其销售的产品与服务,使消费者更好地了解产品的性能和用途,促使消费者进行在线购买。

网站特点:着重于对产品和服务的全面介绍,较好地展示产品的外观与功能,商务网站的页面制作精美,多媒体、视频等技术的运用,很容易吸引消费者浏览。

3)若按照产品线宽度和深度进行分类,电子商务网站可分为以下几种(以 B2B 模式为例分析):

(1)水平型电子商务网站。

网站特点:提供某一类产品的网上经营,网站聚集大量产品,类似于网上购物中心,为用户提供产品线宽、可比性强的商务服务。

网站优势:在于产品线的宽度,顾客在这类网站上不仅可以买到自己所接受的价格水平的商品,而且很容易实现"货比三家"。

存在的问题:是在深度和产品配套性方面欠缺,处于中间商的位置,在产品价格方面处于劣势地位。

(2)垂直型电子商务网站。

网站特点:提供某一类产品及其相关产品的一系列服务,如产品列举、网上销售等。例如销售汽车、汽车零配件、汽车装饰品、汽车保险等产品商务的网站。

网站优点:为顾客提供一步到位的服务。

存在的问题:网站较为复杂,实施难度较大。

(3)专门型电子商务网站。

网站特点:提供某类产品的最优服务,类似于专卖店,通常提供品牌知名度高、品质优良、价格合理的产品的销售。除直接面对消费者外,该类网站也面对许多垂直型和水平型网站的供应商。

(4)公司电子商务网站。

网站特点:以本公司产品或服务为主,相当于公司的"网上店面",以销售本公司产品或服务为主。

存在的问题:可扩展性不足。

适用对象:金融服务、电子产品、旅游、传媒等产品无形化企业,不存在产品流动,不需要相应配送体系,因而特别适合于在网上开展业务。

8.1.4 电子商务网站的组成及搭建

以上述及的各类电子商务网站,基本都由以下 6 个要素组成:

(1)网站域名。

这是 Internet 上唯一的域名。域名必须向 ISP(因特网服务提供商)或网络信息中心申请。

(2)网站物理地点。

存放网站的计算机、服务器等硬件设备。

(3)网页。

负责展示企业和商品信息,是网站所有者和用户沟通的媒介。

(4)货款结算。

客户通过购物车选购商品,然后结算,确定付款方式、送货地点、时间等。

(5)客户资料管理。

管理已注册客户的姓名、通信地址、电话、电子邮件地址等信息。

(6)商品数据库管理。

经常及时盘点商品,做好商品配货和商品配送。

电子商务网站的常见结构如图8-2所示。

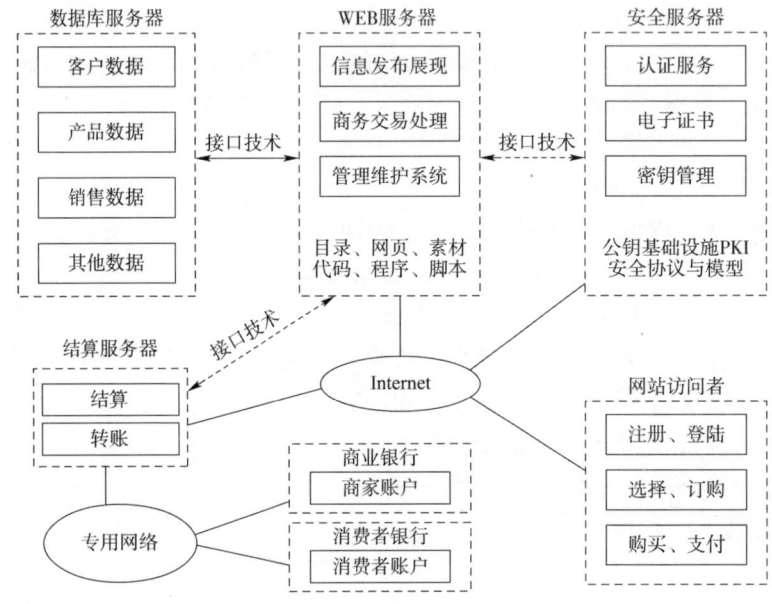

图8-2 电子商务网站结构

每个企业在搭建企业电子商务网站时,一般涉及以下步骤:

(1)网站需求分析;

(2)网站规划与建设方案制订;

(3)网站设计;

(4)网站测试;

(5)网站发布;

(6)网站推广与维护。

8.1.5 电子商务网站的硬件平台

硬件是整个电子商务网站正常运行的基础,直接关系着网站的访问量以及网站的扩展、维护和更新等问题。电子商务网站的硬件包括网络设备和服务器等。

1）网络设备

（1）作用。

网络设备的作用是组建网络。

（2）关键设备。

①路由器：信息路由、转换。

②交换机：信息交换。

③安全设备（防火墙）：信息监控、信息过滤、信息拦截。

(3) 几种 Internet 接入方式。

①拨号接入：由于上网速度限制，现在逐步被淘汰。

②ISDN 宽带接入：ISDN 比模拟拨号接入方式的传输速率有了一定程度的提高，但与真正的宽带接入方式还无法相提并论。一般认为 ISDN 是一种过渡技术。

③DSL 接入：是以铜电话线为传输介质的点对点传输技术，包括 HDSL、SDSL、VDSL、ADSL、RADSL，一般称为 XSDL。它们的主要区别体现在信号传输速率和距离的不同以及上行速率和下行速率对称性的不同这两个方面。其中 ADSL（非对成数字用户环路）是最具前景及竞争力的一种，为家庭、办公室提供宽带数据传输服务的技术。

④专线接入：专线不需要拨号，开机即可上网，专线分配的是固定的公网 IP 地址，而非动态的 IP 地址。专线的优势是稳定，不同的速率，价格不同，相对于普通宽带来说要贵得多。专线上网分为 DDN 专线、光纤上网、VPN。

⑤无线接入：是指通过无线介质将用户终端与网络节点连接起来，以实现用户与网络间的信息传递。无线接入技术与有线接入技术的一个重要区别在于它可以向用户提供移动接入业务。

⑥光纤接入：若传输媒质是光纤，同时利用光波进行接入网的信号传送，称为光纤接入网 OAN（Optical Access Network）。由于目前接入网的用户终端设备大都属于电气设备（如电话、传真、电视、计算机等），所以需在发送端把各种电信号转换为光信号，才能在光纤上进行传输。在接收端必须把光信号恢复为电信号，才能在电的终端设备上显示各种原始信息。光纤接入网（OAN）不是传统的光纤传输系统，而是一种针对接入网环境所设计的特殊的光纤传输系统。

光纤是目前带宽最宽的传输介质，是最理想的一种，可提供最大的带宽，可抗电磁干扰，抗雷击，不会产生腐蚀，可以长距离传输。目前绝大部分的主干网都已采用光纤。将光纤应用到用户线路中，能够满足各种宽带服务的需要，光纤接入网可以说是有线宽带接入网的最佳解决方案。

⑦卫星通信：卫星通信的特点是通信范围大，只要在卫星发射的电波所覆盖的范围内，从任何两点之间都可进行通信，不易受陆地灾害的影响，只要设置地球站电路即可开通，同时可在多处接收，能经济地实现广播、多址通信，电路设置非常灵活，可随时分散过于集中的话务量，同一信道可用于不同方向或不同区间。

卫星通信，简单地说，就是地球上（包括地面、水面和低层大气中）的无线电通信站之间利用人造卫星作为中继站转发或反射无线电波，以此来实现两个或多个地球站之间通信的一种通信方式。它是一种无线通信方式，可以承载多种通信业务，是当今社会重要的通信手段之一。

2）服务器

（1）自建站服务器。

①优点：可以自由设置功能，自由使用软件，不受 ISP 的限制。

②缺点：需要专业技术人员，购置软硬件，支付日常维护和线路通信费，建设周期相对较长。

(2) 服务器托管。

①含义：用户需要自行购买主机服务器，并安装相应的系统软件及应用软件以实现用户独享专用高性能服务器，实现 WEB + FTP + MAIL + DNS 全部网络服务功能，然后将该服务器放在 ISP 的专用机房委托其管理，用户则可以通过 Internet 进行远程管理。与自建站服务器相比，可以节省高昂的专线及网络设备费用。

②优点：与单独构建机房和租用专线上网相比，其整体运营成本有较大降低。

(3) 租用服务器。

①含义：用户不需要购买主机，只需根据自己业务的需要，提出对硬件配置的要求，主机服务器由 ISP 配置。用户采取租用的方式，安装相应的系统软件及应用软件以实现用户独享专用高性能服务器。

②优点：初期采购成本降低，而且后期的使用上和服务器托管有同样的性能。

(4) 租用虚拟主机。

①含义：虚拟主机是使用特殊的软硬件技术，把运行在因特网上的服务器主机分成若干"虚拟"的主机，每一台虚拟主机都具有独立的域名，具有完整的 Internet 服务器（WWW、FTP、E-mail 等）功能。虚拟主机之间完全独立，可以由用户自行管理。在外界看来，每一台虚拟主机和一台独立的主机几乎完全一样。

②优点：费用低廉，管理起来非常容易。

8.1.6 电子商务网站的软件平台

电子商务网站平台需要的软件主要包括操作系统、服务器软件、数据库软件等。

1) 操作系统

按照系统采用的具体技术来分，可分为 Unix 类、Linux 类、Windows 类、NetWare 类和网络设备操作系统等。

(1) Unix 类网络操作系统。

最早的 Unix 操作系统是在 1969 年有 AT&A（贝尔实验室）的 Thompson 和 Ritchie 等人在 PDP-7 开发成功的 16 位微机操作系统，历经演变逐渐成为工作站等小型机操作系统。Unix 操作系统具有良好的稳定性和安全性。

(2) Linux 类网络操作系统。

Linux 是由芬兰赫尔辛基大学的学生 Linus B. Torvolds 在 1992 年创造出来的免费的开放源码的操作系统。历经软件工作者多年的协同开发，逐渐步入成熟阶段，得到广泛的应用。目前常见的版本有 RedHat、红旗等。Linux 平台的应用程序越来越多，使用范围也越来越广。Linux 在稳定性和安全性方面和 Unix 类似。

(3) Windows 类网络操作系统。

Windows 类网络操作系统是由 Microsoft 公司开发的。Windows 类网络操作系统一般用于中小型企事业的局域网中，有友好的操作界面和众多的应用软件，但在安全性和稳定性方面稍逊于 Unix 和 Linux。

(4) NetWare 类网络操作系统。

NetWare 是比较早的网络操作系统,由 Novell 公司开发。曾经非常辉煌,几乎成为网络操作系统的代名词。但随着互联网时代的到来,Novell 公司逐渐衰落,NetWare 的市场份额也越来越小。

(5) 网络设备操作系统。

在交换机、路由器内也有由厂家自行开发的操作系统,例如 Cisco 的 IOS 和华为的 VRP 等。网络设备操作系统一般支持 CON、Telnet、TFTP、SNMP、Web 等多种连接方式,提供多种命令模式让用户管理网络设备。

2) Web 服务器软件

选择 Web 服务器时应考虑的影响因素如下:

(1) 响应能力。即 Web 服务器对多个用户浏览信息的响应速度。响应速度越快,单位时间内可以支持的访问量就越多,用户单机的响应速度也就越快。

(2) 与后端服务器的集成。Web 服务器除直接向用户提供 Web 信息外,还担负服务器集成的任务,这样客户机就只需要一种界面来浏览所有后端服务器的信息。Web 服务器可以说是 Internet 中的信息中转站,它将不同来源、不同格式的信息转换成统一的格式,供具有同一界面的用户浏览器浏览。

(3) 管理的难易程度。Web 服务器的管理包含两种含义:一是管理 Web 服务器,二是利用 Web 界面进行网络管理。

(4) 信息开发的难易程度。信息是 Web 服务器的核心,信息是否丰富直接影响 Internet 的性能。Web 所支持的开发语言能否满足简单容易实现开发的要求。

(5) 稳定性、可靠性。Web 服务器的性能和运行的稳定性、可靠性将直接影响整个系统是否稳定和可靠。

(6) 安全性。防止 Web 服务器的机密信息泄密和黑客的攻击。

(7) 适应性。应选择最合适的 Web 平台,与 Web 服务器的硬件平台相适应。

3) 数据库软件

数据库软件主要包括以下几类:

(1) 关系数据库。

①Oracle:为较流行的大型数据库平台。可运行于多个操作系统,安全、海量。

②MySQL:与 Linux、PHP 紧密结合。快速、健壮、易用,支持多平台。

(2) 全文数据库。

(3) 多媒体数据库。

8.2 汽车电子商务网站建设

8.2.1 汽车电子商务网站建设的基本流程

汽车电子商务网站是指汽车企业在互联网上建立的站点,其目的是宣传企业形象、发布汽车产品信息、宣传汽车业相关的经济法规、提供与汽车相关的商业服务等。汽车电子商务网站建设的基本流程如下：

1）汽车电子商务网站系统规划并进行汽车市场分析与调查

对网站进行可行性研究和总体规划；确立网站建设目标、建设方案、可行性等，完成网站系统规划书。系统规划的主要目的是解决建设网站的目标和必要性问题。主要包括几方面内容：

（1）汽车市场需求的调查分析；

（2）汽车企业产品及汽车企业内部情况；

（3）同类汽车电子商务网站的调查分析。

2）汽车电子商务网站系统分析和定位

对网站进行应用环境和功能需求进行调查分析，构造系统逻辑模型：明确系统的具体功能和性能要求，完成网站系统需求分析报告。系统分析主要解决网站能做什么具体内容。

（1）汽车电子商务网站的近期和长远的目标是什么？

（2）汽车电子商务网站的服务对象及运营主题是什么？

（3）汽车电子商务网站的特色和竞争优势是什么？

（4）汽车电子商务网站的商业模式是什么？

3）汽车电子商务网站整体设计

完成汽车电子商务网站的定位之后，就该规划网站的业务内容和处理流程。设计网站的具体物理设备、网站结构和栏目、页面的布局和CI以及数据库设计等，完成网站系统设计报告。系统设计目的是设计网站的物理模型，解决网站的总体设计问题。

（1）汽车电子商务网站的业务内容和处理流程的规划：

①汽车电子商务网站的内容一定要和主题相关。

②将最能体现主题和表现网站特色的信息放在最突出的位置上。

③汽车电子商务网站的指南索引要明显直接。

④与用户进行直接交流的栏目设立要简单。

⑤提供可以发布更新信息资源下载的栏目。

（2）确定汽车电子商务网站体系结构和整体风格。建立一个汽车电子商务应用系统要完成以下工作：

①确定好应用系统的体系结构，包括功能架构、网站架构。

②网站的风格是指网站的整体形象，这个整体形象包括站点的CI设计、版面布局、浏览方式、交互性、文字、语气、内容价值、存在意义、站点荣誉等多种因素。

4）汽车电子商务网站系统实现

在系统设计提出的物理模型基础上，安装系统的物理设备，进行网页制作、程序设计、数据库实现和数据导入，并进行网站系统测试等，提交网站页面源代码文档、数据库结构、网站系统安装手册和使用说明书。系统实现就是具体实现网站系统。

5）汽车电子商务网站的发布和推广

网站具体实现后就需要进行网站的发布和推广，涉及的主要工作如下：

（1）网站的域名申请注册；

(2)选定 ISP 进行 Internet 接入;

(3)以及进行网站的宣传推广。

这个阶段提交的文档主要是 ISP 服务合同和网站推广策划书。网站的发布和推广就是把网站链接到 Internet 上,进行使用。

6)汽车电子商务网站的管理和维护

网站一旦正式发布就开始实际运行,进入到管理和维护阶段,涉及的主要工作如下:

(1)对网站运行状态和数据库安全进行监管,进行必要的维护,撰写网站运行日志和维护报告。

(2)同时工作人员协同有关部门实现网站提供的商务功能,并产生相应的商务文档。

网站运行阶段就是实现网站的商务功能,达到创建网站的目标。

8.2.2 汽车电子商务网站系统内容的设计

汽车电子商务网站设计的总体原则是:首先要明确建立网站的目标和用户需求。其次是网站的总体设计方案要主题鲜明,网站的版式设计要合理布局,色彩的搭配在网页设计中要与网站风格一致,网页形式与内容相统一和谐,三维空间的构成和虚拟现实之间的切换要流畅,多媒体功能的利用要合理。最后还要及时地进行网站测试与改进,保持网站的内容更新与实时用户沟通,确保网站设计合理性和最新技术的运用。

1)汽车电子商务网站的总体设计

汽车电子商务网站设计的合理性决定了网站传递信息的效果。网站的总体设计包括 CI 设计、布局设计和风格设计。

(1)网站的设计原则。

①网站的设计要符合先进、可靠、安全性原则。

设计网站系统要先进,设计方案要立足于先进技术,使得网站技术具备先进的水平,具备先进的信息管理技术,体现汽车电子商务的网站信息内容要新颖具有创意。平台正常运行后要保障实时的运行的可靠性。保障在互联网商提供的服务和运行的程序的安全性,保障系统信息的安全,为商务活动提供安全保障。

②网站设计要具有可扩展性、标准性、开放性原则。

网站系统应具有很强的扩展能力,能适应市场实际业务量增长的需求而变化的能力。所有的应用程序及接口具有统一的标准,保证系统和程序具备优良的可移植性。平台的设计严格遵守国际标准。

③网站系统要具有服务性、便捷性和交互性原则。

网站的服务性是指网站能为用户提供各种各样的服务,以用户为中心服务思想。而且各种功能使用方便快捷,能满足各个层次的用户的各种需求。网站的功能以友好的交互形式出现,能树立企业品牌形象。

④网站的美观、实用和宣传性原则。

为了吸引用户,网站的美观性要保持良好的视觉效果,色彩合理搭配,风格一致,突出企业的文化特色和定位。网站所提供的信息和服务内容能给用户带来方便,真正满足用户需求。网站还要提供宣传企业的功能。

(2)网站的 CI 设计。

所谓 CI(Corporate Identity),就是通过视觉来统一企业的形象。一个杰出的网站需要整体的形象包装和设计。准确的、有创意的 CI 设计,对网站的宣传推广有事半功倍的效果。

网站是由许多张网页组成,网站的 CI 形象要通过每个网页来体现。网页的特色是体现网站个性的主要方式,能使用户打开网页就可以知道是哪一个网站,树立网站的品牌形象。

在设计网页前必须明确网页的 CI 形象,如设计网站的标志,确定网页的色调、字体的大小,不同种类网页的布局等,要遵循一定的规范要求,保证每张网页的风格协调一致,增强汽车电子商务网站的特色。

网站 CI 形象要根据网站的类型及网站用户群的特性来确立。汽车电子商务网站的目的是提供汽车相关商业服务,用户希望通过网站便捷地完成有关汽车的各种商业活动,因此它的风格适合简单明快特色。

明确网站 CI 形象后,设计者就要进一步设计能体现风格的标志等,并用各种手段来体现风格。常用的手段有以下几种。

①确定网页的主色调及色彩。

网站给人的第一印象来自视觉冲击,确定网站的标准色彩是相当重要的一步。不同的色彩搭配产生不同的效果,并可能影响到访问者的情绪。例如:Windows 视窗标志上的红蓝黄绿色块,都显得更贴切和很和谐。"标准色彩"是指能体现网站形象和延伸内涵的色彩。一般来说,不超过三种色彩,太多则会有凌乱的感觉。设计独特的装饰图案。设计网站特有的花边、线条等装饰图案,起到美化网页、突出网页特色的作用。

色彩的色调:色彩分为暖色调、冷色调和中性色调。

暖色调包括红色、橙黄色等颜色。暖色调给人以温暖、舒适、有活力的感觉。不仅让浏览者产生贴心的视觉效果,在页面上也更能突出显示。

冷色调包括蓝色、绿色和青色等颜色。冷色调使配色方案显得稳定和清爽,还有远离浏览的效果,所以适于做页面背景。

黑色、白色及由黑白调和的各种深浅不同的灰色系列称为中性色调。这个色系的颜色很柔和,色彩不那么明亮耀眼。中性色调是介于红、黄、蓝三原色之间的颜色,不属于冷色调,也不属于暖色调。中性色调能与任何色彩配合,起到协调、缓解视觉疲劳的作用。

色彩的心理感觉:不同的色彩会让浏览者产生不同的心理感受。

红色是一种让人激奋的色彩,具有刺激效果,能使人产生冲动、愤怒、热情、活力的感觉。绿色给人和睦、宁静、健康、安全的感觉,它和金黄色、白色搭配,可以产生优雅、舒适的效果。橙色也是一种让人激奋的色彩,具有轻快、欢欣、热烈、温馨、时尚的效果。黄色给人快乐、希望、智慧和轻快的感觉,它的明度最高。蓝色给人凉爽、清新、专业的感觉,它和白色混合,能体现柔顺、淡雅、浪漫的气氛。白色给人明快、纯真、清洁的感受。黑色给人深沉、神秘、寂静、悲哀、压抑的感受。灰色给人中庸、平凡、温和、谦让、中立和高雅的感觉。

色彩搭配技巧:网页风格处理中最关键的是色彩搭配的问题。用最简单的色彩表达最丰富的含义,准确体现企业形象是一门艺术。例如,运用相同色系的色彩搭配:这种搭配的优点是易于使网页色彩趋于一致,塑造网页和谐统一的氛围。缺点是容易造成页面的单调。可以利用局部加对比色或局部加入具有对比色彩的图片等来增加对比色彩的变化。运用对比色技巧:使用对比色时构成明显色彩效果,可以使界面十分突出,容易塑造活泼、韵动的网页效果,适合广告主题的网站,但要使用得当,防止网页由于色彩过多显得杂乱。

②设计网站的字体。

标准字体是指用于标志、标题、主菜单的特有字体,有汉字也有英文。为了体现站点的"与众不同"和特有风格,可以根据需要选择一些特殊字体。企可以根据自己网站所要表达的内涵选择更贴切的字体,也可以将文字做成图片的形式。

③设计网站的宣传标语。

网站大多有一条宣传语,具有能够容易牢记,阐明网站特点,并放在网页的醒目位置。用一句话甚至一个词高度概括网站的精神、网站的目标。类似实际生活中的广告金句。例如,百度的"百度一下,你就知道"等。

④企业 CI 设计的基本要素。

a. 企业的标志。企业标志要素通常是指企业的标志、企业所生产经营的商品的商标,这些通常是以文字或图形方式存在的。

b. 企业的名称标准字。企业名称标准字要素通常是指企业或公司的正式名称,以中文及英文两种文字定名。企业名称一般以全名表示,或者省略方式表示。

c. 品牌标准字。品牌标准字要素通常是指以中文和英文两种文字设计的代表本公司产品的品牌。

d. 企业的标准色。企业的标准色要素是指用来象征公司的指定色彩,通常以 1~3 种色彩为主。也指为了区分子公司与母公司的不同,或区分公司各部门、各品牌、各类产品的不同而采用多种颜色的色彩体系。企业标准色或互补色会频繁出现在广告、包装等各种宣传物上。

e. 企业的标语。企业标语要素通常是指对外宣传公司的特长、业务、思想等要点的短句,常与公司名标准字、企业品牌标准字等组合运用。

f. 专用字体。专用字体要素通常是指公司主要使用的文字和数字的专用字体。选定设定的专用字体,将其作为主要品牌、商品群、公司名称及对内容的宣传、广告所用的字体。

(3)网站的布局设计。

网站布局的基本概念:网站的布局类似于报纸、杂志的排版布局,它是指以最适合浏览的方式将图片和文字排列在页面的不同位置上。在网站的布局过程中涉及如下几方面的内容:

①页面尺寸。

页面尺寸和显示器大小及分辨率有关,网页的局限性就在于无法突破显示器的范围,因为浏览器也占用不少空间,所以留给页面的空间相对有限。显示器分辨越高,页面的尺寸显示范围就能越大。

②整体造型。

所谓整体造型,就是创造出来的页面形象应该是一个整体,图形与文本的结合应该是层叠有序的。虽然显示器和浏览器都是矩形,但可以充分运用自然界中的其他形状以及它们的组合,如矩形、圆形、三角形、菱形等来设计页面。

③页眉。

页眉的作用是定义页面的主题。例如,站点的名称多数都显示在页眉,用户可直接了解站点的内容。页眉是整个页面设计的关键,它将影响到以后的设计和整个页面的协调性,通常放置站点名称的图片、公司标志以及广告等内容。

④文本。

文本在页面设计中大部分以段落形式出现,放置的位置也不同,可以按照设计要求放置到页面中的任何位置。

⑤图片。

图片和文本是网页的两大构成元素,缺一不可。如何处理好图片和文本的位置是整个页面布局的关键。图像制作工具:

平面图形工具 Photoshop 广泛地应用于印刷、广告设计、封面制作、网页图像制作、照片编辑等领域,其功能强大可以完成各种平面图形的处理、加工等操作。与 Image Ready 相整合,可以实现多方面的网络应用。

⑥多媒体。

处理文本图片还有声音、动画、视频等多媒体形式,能带给用户更多的视觉冲击和更大的信息量,对网页的布局起到重要作用。

随着网络带宽的不断提高,音频、视频等多媒体内容被更多地放到网页上来,尤其是随着一些视频分享、视频点播网站的兴起,多媒体视频制作工具也越来越多地被应用。Adobe Premiere、Ulead 公司的会声会影等都是主流的多媒体视频编辑工具。用 Flash 制作的 FLV 影片目前在网上应用的也非常广泛。

Movie Maker 作为 Windows XP 的组件之一,已被捆绑在操作系统中。它简单易学,使用它制作视频短片充满乐趣。通过简单的拖放操作,精心的筛选画面,然后添加一些效果、音乐和旁白,视频短片就可以初具规模。

Adobe Premiere 目前已经成为主流的视频编辑工具,为高质量的视频提供了完整的解决方案,是一款专业非线性视频编辑软件。

(4)网站的风格设计。

网站的风格是指站点的整体形象和用户的综合感受。风格体现在作品内容和形式上。网站风格是抽象的、独特的,能让浏览者明确分辨出这是网站独有的。网站风格符合人性化设计要求,通过网站的外观、内容、文字和与其的交流等能概括出一个站点风格特点。

①网站首页的形式。

首页是电子商务网站的招牌,设计精美的首页会吸引大量用户的浏览。

a. 纯粹的形象展示型。

这种类型的网站文字信息较少,利用一系列公司形象、产品、服务有关的图像、文字信息组成一幅生动的画面,向用户展示一种氛围,从而吸引用户浏览。需要挖掘企业深层的内涵,展示企业文化。这种类型的首页在设计过程中一定要明确以设计为主导,通过色彩、布局给用户深刻的印象。

b. 信息罗列型。

这种类型一般是大、中型企业网站和门户网站常用的方式,即在首页中罗列出网站的主要内容分类、重点信息、网站导航、公司信息等,这种风格比较适合信息量大、内容丰富的网站。

②风格保持一致。

汽车电子商务网站中所有网页的风格必须保持一致,这是进行网页设计过程中需要注意的问题。风格一致是指结构、色彩、导航及辅助导航、特别元素、背景等的一致性。

a. 结构的一致性:是指网站布局、文字排版、装饰性元素出现的位置及导航的使用方式在整网站中相对统一。也就是说,网站或公司的名称、网站或企业的标志、导航及辅助导航的位置、公司的联系信息等都要保持一致。这种一致性是目前网站普遍采用的方式,可以减少设计和开发的工作量,同时也有利于网站的维护与更新。

b. 色彩的一致性:是指网站中各网页使用的色彩与主体色彩相一致,可以改变局部的色彩。优点是会给人留下深刻的印象,因为人的视觉对色彩要比对布局更敏感,能够在大脑中形成记忆符号。如果企业有自身的 CI 形象,则最好在互联网中应用这个形象,网络与现实一致,这样更有利于树立用户对企业形象的品牌的统一认知。

c. 导航的一致性:是指利用导航取得统一。导航是网站的重要组成部分,出色的且富有企业特性的导航会给人留下深刻的印象。例如,将标志的形态寓于导航之中,或将导航设计在整个网站的布局之中。

d. 特别元素的一致性:是指个别具有特色的元素,如标志、象征性图形、局部设计等重复出现时的一致性。这种一致性会给用户留下深刻的印象。

e. 背景的一致性:是指各网页中背景的风格应保持一致性。网页中的背景图像在使用上一定要慎重,尤其是一些动画,通常是将公司的标志、象征性的简单图片作为背景,并将其淡化,使浏览者在阅读网站内容的同时随时可以记下公司的标志。

从技术上来说,网页背景包括背景颜色和背景图像两种,一般不提倡使用背景图像,而建议使用背景颜色或色块。

8.3 汽车电子商务网站网页内容设计

8.3.1 HTML 语言

1) HTML 语言的定义

HTML 语言是一种结构化的网页内容标记语言,使用各种不同的标签符号来分别标识和设定不同的网页元素。每个网页元素通常都由开始标签、结束标签以及中间的内容组成。随着网络技术的不断更新,编码技术也有很多变化。下面概要了解一下它的基本结构和内容。

一个 HTML 元素可表示为:< 标签名称　属性名称 1 = 属性值 1 属性名称 2 = 属性值...> 内容 </标签名称>

2) HTML 的基本结构

一个 HTML 文件包含以下几个最基本的标记符:

< html >

< head >

< title > 网页标题 </title >

</head >

< body >

网页主体部分

</body >

</html >

在 HTML 源代码中,用标记符经常是成对出现的。每一个标记符都有特定的功用。< html > 和 </html > 标记是用来说明在它们之间的文本属于 HTML 文件,浏览器从 < html > 标记开始执行,当遇到 </html > 标记时,将会停止执行。

< head > 和 </head > 标记是用来说明在它们之间的文本都属于 HTML 文件的文件头。它仅定义 HTML 文件需要特殊处理的一些预先说明,并不在浏览器中显示。

< title > 和 </title > 标记是用来说明在它们之间的文本是该文件的标题,此标题显示在浏览器最上方的标题栏中。如果要把页面添加到浏览器的"收藏夹"中,该文档的标题便会成为"收藏夹"中的项目名称。

< body > 和 </body > 标记是用来说明在它们之间的文本是 HTML 文件的主体部分,也是整个 HTML 文件最重要的部分。它所包含的内容显示在浏览器的页面显示窗口里。

8.3.2 网页内容设计中标签的应用

1) 段落标签

段落标签用于设置段落文字及格式,包括标题标签、分段标签、换行标签、水平线标签和文本块标签。

(1) 标题标签。

语法格式:< hx align = 对齐方式 > 标题内容 </hx >

含义:hx 中的 x 表示标题级别,分为 h1、h2、h3、h4、h5 和 h6。h1 表示一级标题,依次类推,数值越小,字体越大。align 属性用于设置标题对齐方式,有三个选项:左对齐、居中对齐、右对齐。 < hx > 标签所表示的标题在网页中独占一行。

(2) 分段标签。

语法格式:< p align = 对齐方式 > 段落文字 </p >

含义:< p >...</p > 中的文字将另起一行输出,而且将在两个段落之间产生一个空行。align 属性设置段落的对齐方式。分段结束标志 </p > 可以省略。

(3) 换行标签。

语法格式:文字 < br >

含义:用于强制中断当前文字行,从下一行开始显示,在断行之间不产生空行。

(4) 水平线标签。

语法格式:< hr size = 线条粗细 align = 对齐方式 width = 线条宽度 color = 线条颜色 >

含义:用于显示一条水平线。其中,size 属性用于设置水平线的粗细,以像素为单位,默认值是 2。Width 属性用于设置水平线的长度。以绝对值表示时,单位为像素,如果以百分比表示,可以随时根据窗口宽度而改变线宽,默认值是 100%。

(5)文本块标签。

语法格式:<blockquote>文字</blockquote>

含义:用于包含的文本成为一自然段并以缩排方式显示。

2)文字格式标签

文字格式标签包括:字体标签、文字效果标签等。

(1)字体标签。

语法格式:<font size=字体大小 face=字体名称 color=字体颜色>文字</font>

含义:用于设置文本的字体、字形、字号和字符颜色等,是文档中常用的标签。其中,size 属性用于设置字号,取值范围为 1~7,7 级最大。face 属性用于设置字体名称。color 属性用于设置字体颜色。

(2)文字效果标签。

①粗体标签。

语法格式:有 文字 和 文字 两种形式,后一种形式兼容性更好。

含义:使文字能加粗效果。

②斜体标签。

语法格式:

文字 用于对文本进行强调;

文字 很少应用;

<cite>文字</cite> 用于对文献的引用。

③下划线标签。

语法格式:<u>文字</u>

含义:用于为文本添加下划线线。

④删除线标签。

语法格式:<strike>文字</strike>

含义:用于为文本添加删除线。

⑤上标标签。

语法格式:^{文字}

含义:用于将文本设置成上标的形式。

⑥下标标签。

语法格式:_{文字}

含义:用于将文本设置成下标的形式。

⑦文字闪烁标签。

语法格式:<blink>文字</blink>

含义:用于为文字设置闪烁效果。

3）列表标签

HTML 支持有序、无序和自定义性列表,与列表有关的标签 <ul>、<ol>、<dl> 等。

(1) 自定义列表标签: <dl>...</dl>

语法格式: <dl>

        <dt> 第一项 <dd> 叙述第一项的定义

        <dt> 第二项 <dd> 叙述第二项的定义

        </dl>

含义:自定义列表不仅仅是一列项目,而是项目及其注释的组合。自定义列表以 <dl> 标签开始。每个自定义列表项以 <dt> 开始。每个自定义列表项的定义以 <dd> 开始。

(2) 无序列表标签: <ul>...</ul>

语法格式: <ul>

        <li> 第一项

        <li> 第二项

        </ul>

含义:无序列表是一个项目的列表,此列项目使用粗体圆点(典型的小黑圆圈)进行标记。无序列表始于 <ul> 标签。每个列表项始于 <li>。

(3) 有序列表标签: <ol>

语法格式: <ol>

        <li> 第一项

        <li> 第二项

        </ol>

含义:有序列表也是一个项目列表,列表项目使用数字进行标记。有序列表始于 <ol> 标签。每个列表项始于 <li> 标签。

4）图像标签

插入图像的标签是 <img>...</img>

语法格式:

 <img src = 图像文件

URL border = 图像边框的粗细

align = 对齐方式

alt = 图像说明文字

height = 图像高度

width = 图像宽度

hspace = 水平空白

vspace = 垂直空白 >

含义:src 属性指明了所要链接的图像文件地址,这个图像文件可以是位于本地机器上,也可以是位于远程主机上。地址的表示方法可以使用 URL 地址表示方法。height、width 属性分别用于表示图形的高和宽。通过设置这两个属性,可以改变图形的大小;如果没有设置,图形按原始大小显示。hspsce、vspace 属性分别用于配置图形的水平位置和垂直位置。

5）超链接标签

语法格式：< a href = URL >用于超链接的文字或图像等对象 </a >

含义：URL 表示链接位置，用于指定 href 属性。用来放置超链接目标的地址。URL 的格式是由通信协议、链接地址与文件位置所组成，如通信协议://链接地址/文件位置.../文件名称。

6）表格标签

表格标签有：< table >、< caption >、< tr >、< th >、< td >等。表格由 < table > 标签来定义。每个表格均有若干行（由 < tr > 标签定义），每行被分割为若干单元格（由 < td > 标签定义）。字母 td 指表格数据（table data），即数据单元格的内容。数据单元格可以包含文本、图片、列表、段落、表单、水平线、表格等。

语法格式例句：< p >...</p >
< p >...</p >
< p >...</p >
< h4 >...</h4 >
< table border = "1" >
< tr >
　< td >...</td >
</tr >
</table >
< h4 >...</h4 >
< table border = "1" >
< tr >
　< td >...</td >
　< td >...</td >
　< td >...</td >
</tr >
</table >
< h4 >...</h4 >
< table border = "1" >
< tr >
　< td >...</td >
　< td >...</td >
　< td >...</td >
</tr >
< tr >
　< td >...</td >
　< td >...</td >
　< td >...</td >
</tr >

</table>

7）表单元素标签

表单是一个包含表单元素的区域。表单元素是指允许用户在表单中（如文本域、下拉列表、单选框、复选框等）输入信息的元素。表单使用表单标签<form>定义。

(1) 表单标签：<form>...</form>

语法格式：<from name="form_name" action="url" method="get|post">...</from>

含义：name 用于定义表单的名称；method 用于定义表单结果从浏览器传送到服务器的方式，默认参数为 get；action 用来指定表单处理程序的位置（ASP 等服务器端脚本处理程序）。

(2) 文本框。

文本框是一种让访问者自己输入内容的表单对象，通常被用来填写单个字或者简短的回答，如姓名、地址等。

语法格式：<input type="text" name="..." size="..." maxlength="..." value="...">

含义：type="text"用于定义单行文本输入框；name 用于定义文本框的名称，用来保证数据的准确采集，需要定义一个独一无二的名称；size 用于定义文本框的宽度，单位是单个字符宽度；maxlength 属性用于定义最多输入的字符数；value 属性用于定义文本框的初始值。

(3) 密码框。

密码框是一种特殊的文本框，需要注意的问题是当输入内容时，均以 * 表示，以保证密码的安全性。

语法格式：<input type="password" name="..." size="..." maxlength="...">

(4) 按钮。

按钮的类型包括：普通按钮、提交按钮、重置按钮等。

①普通按钮。

普通按钮是指当 type 的类型为 button 时，表示该输入项输入的是普通按钮。普通按钮经常和脚本一起使用。

语法格式：<input type="button" value="..." name="...">

含义：value：表示显示在按钮上面的文字。

②提交按钮。

提交按钮是指可以通过提交（input type=submit）可以将表单（form）里的信息提交给表单里 action 所指向的文件。

语法格式：<input type="submit" value="提交">

③重置按钮。

重置按钮是当 type 的类型为 reset 时，表示该输入项输入的是重置按钮，单击按钮后，浏览器可以清除表单中的输入信息而恢复到默认的表单内容设定。

语法格式：<input type="reset" value="..." name="...">

(5) 单选框和复选框。

①单选框。

语法格式：<input type="radio" name="..." value="..." checked>

含义:checked 用于表示此项默认被选中;value 用于选中后传送到服务器端的值;name 表示单选框的名称,如果有一组相同选项,则 name 属性的值相同,结果会出现相互排斥效果。

②复选框。

语法格式:< input type = checkbox name = "..." value = "..." checked >

含义:checked 用于表示此项默认被选中;value 表示选中后传送到服务器端的值;name 表示复选框的名称,如果是一组相同选项,则 name 属性的值相同,结果不会有互斥效果。

(6)文件输入框。

语法格式:< input type = "file" name = "..." >

含义:当 type = "file"时,表示该输入项是一个文件输入框,用户可以在文件输入框的内部填写自己硬盘中的文件路径,然后通过表单上传。

(7)下拉框标签。

< select >...< /select >

下拉框既可以用作单选,也可以用作复选。

单选框语法:< select name = "..." >...< /select >

复选框语法:< select name = "..." multiple >

含义:在单选框基础上加 multiple 即可,用户可以 Ctrl 来实现多选,用户还可以用 size 属性来。

(8)多行输入框。

语法格式:< textarea name = "yoursuggest" cols = "宽度" rows = "高度" >

</textarea >

含义:多行输入框主要用于输入较长的文本信息。其中 cols 表示 textarea 的宽度,rows 表示 textarea 的高度。

8)框架标签

语法格式:

< frameset cols =纵向框架个数 rows = 横向框架个数 bordercolor = 边框颜色 frameborer = 框架边框粗细 framespacing = 框架间距 >

< frame name = 框架名称 target = 目标框架 src = 框架内显示的初始网页 URL boder = 边框宽度 bordercoler = 边框颜色 >

< frame >

...

</frameset >

含义:框架成为帧,用于将浏览器的窗口分成多个区域,每个区域可单独显示一个 HTML 文档,各区域也可以关联显示某一个内容。框架标签用于定义一个框架集,即定义一个由若干框架构成的网页。

本章小结

本章第一节主要介绍网页、网站、电子商务网站的基本概念、电子商务网站的功能和分类、组成及搭建步骤,介绍电子商务网站的硬件平台(包括网络设备和服务器)和软件平台(包括操作系统、服务器软件、数据库软件)。

本章第二节主要介绍汽车电子商务网站建设的基本流程(包括汽车电子商务网站系统的规划、汽车市场分析与调查、分析和定位、整体设计、实现、发布和推广、管理和维护),详细介绍汽车电子商务网站系统内容的总体设计(包括 CI 设计、布局设计和风格设计)。

本章第三节主要介绍汽车电子商务网页内容的设计,包括 HTML 语言的应用、网页内容设计中标签(包括段落标签、文字格式标签、列表标签、图像标签、超链接标签、表格标签、表单元素标签、框架标签)的应用。

自测题

一、多项选择题(下列各题的备选答案中,有一个或多个选项是正确的,请把正确答案的序号填写在括号内)

1. 以下属于构建网页的基本元素的是(　　)。
   A. 文本　　　　　B. 图像　　　　　C. 声音　　　　　D. 动画
2. 以下属于电子商务网站功能的是(　　)。
   A. 企业形象宣传　　　　　　　B. 新闻发布、供求信息发布
   C. 产品和服务项目展示　　　　D. 商品和服务订购
3. 汽车电子商务网站风格设计中的一致性是指(　　)。
   A. 结构的一致性　　　　　　　B. 色彩的一致性
   C. 导航的一致性　　　　　　　D. 背景的一致性

二、判断题(在括号内正确的打"√",错误的打"×")

1. 网站(Website)是指在因特网上根据一定的规则,使用 HTML(标准通用标记语言下的一个应用)等工具制作的用于展示特定内容相关网页的集合。(　　)
2. 汽车电子商务网站是指汽车企业在互联网上建立的站点,其目的是宣传企业形象、发布汽车产品信息、宣传汽车业相关的经济法规、提供与汽车相关的商业服务等。(　　)
3. 段落标签用于设置段落文字及格式,包括标题标签、分段标签、换行标签、水平线标签和文本块标签。(　　)
4. 有序列表是一个项目列表,列表项目使用字母进行标记。(　　)
5. 密码框是一种特殊的文本框,需要注意的问题是当输入内容时,均以＊表示,以保证密码的安全性。(　　)

三、简答题

1. 请简要分析电子商务网站的功能。
2. 请简要分析汽车电子商务网站建设的基本流程。
3. 请简要叙述汽车电子商务网站网页内容设计中常用的标签种类。

参考文献

[1] 张国方.汽车营销学[M].2版.北京:人民交通出版社股份有限公司,2017.
[2] 李亚波.中国汽车电子商务现状与发展趋势分析[J].上海汽车,2014(04):25-28.
[3] 陈静.中国汽车电子商务发展探索[J].北京财贸职业学院学报,2016,32(01):46-49,58.
[4] 彭鹏,彭思喜.汽车电子商务[M].北京:机械工业出版社,2016.
[5] 张耀武.汽车电子商务[M].武汉:武汉理工大学出版社,2016.
[6] 陈永革,周勇,陈昌明.汽车电子商务[M].北京:北京出版社,2014.
[7] 郑喜昭,黎贺荣.汽车电子商务一体化项目教程[M].上海:上海交通大学出版社,2012.
[8] 李富仓.汽车电子商务[M].北京:人民交通出版社股份有限公司,2015.
[9] 中华全国工商业联合会汽车经销商商会,北方工业大学,北京易观智库网络科技有限公司.中国汽车电子商务发展报告(2017)[M].北京:社会科学文献出版社,2017.
[10] 牟晓杰.基于电子商务的福田汽车营销策略研究[D].北京:北京化工大学,2015.
[11] 陈爽,薛婷婷.中国新车销售电子商务渠道分析[J].经济研究导刊,2018(14):104-105,108.
[12] 吴松.基于O2O模式的我国汽车配件电商发展战略研究[J].企业改革与管理,2018(04):77-78.
[13] 韩道静.我国汽车网络营销策略的实践与探索[J].统计与管理,2017(11):148-149.
[14] 吕茜茜.我国保险企业发展汽车保险网上直销研究[J].漳州职业技术学院学报,2015,17(02):58-62.